才能の正体

坪田信貴

幻冬舎文庫

才能の正体

はじめに

こんにちは。坪田信貴です。

突然ですが、お尋ねします。

あなたは、「自分には才能がない」と思ったことはありませんか？「もともと才能に恵まれている人はいいなあ」なんて言ってしまったことはありませんか？

誰でも一度や二度はあるでしょう。いいえ、一度や二度どころか、わりと多くの人が、何かにつけて思ったり言ってしまったりすることではないでしょうか。

僕は塾講師として、これまで１３００人以上の子どもたちの学習に伴走をしてきたのですが、実際に、そんなふうに言う生徒さんや親御さんに大勢会ってきました。

ご存知かもしれませんが、僕は、２０１３年に『学年ビリのギャルが1年で偏差値を40上げて慶應大学に現役合格した話』（以下『ビリギャル』）を出版しています。主人公のさやかちゃんは、最初に僕の塾へ来たときは全国偏差値30以下、成績は学年でビリだったのですが、そこから猛勉強して、現役で慶應義塾大学に合格しました。そのいきさつをまとめたものです。

この本がベストセラーになると、多くの人からこう言われるようになったのです。

「彼女は、もともと才能があったんでしょ？」

——どうやら人というのは、〝才能の有無〟を、安易に断定したがるようです。

でも、「才能」って、生まれつきのものなのでしょうか？　一部の人にしか備わっていない、特別なものなのでしょうか？

それに対する、僕の答えは「ノー」です。

才能は、誰にでもある。

僕はいつもそう言っています。

しかし、この言葉を素直に信じてくれる人は、とても少ない。「そんなのはきれいごとだ！」と思う方もいるようです。でも、そういう人たちは、非常にもったいないことをしています。せっかく「ある」のに、手に入れようとしないのですから。

〝ビリギャル〟のさやかちゃんのような成績だった子どもたちが〝一流大学〟に合格するのを、僕はこの目でたくさん見てきました。その僕が言うことを、ぜひ信じてください。

もう一度言います。

才能は、誰にでもある。

みんな、その才能をどう見つけたらいいのか、どう伸ばせばいいのかが、わからないだけなのです。自分の才能も、我が子や、教え子や、部下や、後輩の才能も。

それればかりか、**多くの人たちは、その才能を潰してしまうことばかりしている……。**

このことにこそ、気づくべきなのです。

そもそも、「才能」ってどういうものなんでしょう?

僕は学生時代から才能についていろいろと考えてきました。実は、自分のことを「才能研究家」と言ってもいいかなと思うくらい、いろいろなことを試みてきています。

成績がきわめて悪かった子を、「100%無理!」と周りの全員から言われていた難関大学に合格するまで指導したり、他の会社では採用されないような変わった人を採用して、誰よりも優秀な人材に育成したり。

〝普通の人〟は、成績が悪い子に「君なら難関大学に入れるよ。目指そうよ」とは言わないでしょう。〝普通の会社〟は、「変わった人」「扱いにくそうな人」を採りたがらないかもしれません。

でも僕は、そんな彼らに限りない才能を感じました。彼らが、周りの人から期待されていなければされていないほど、僕のやる気には火がつきました。これこそ、「才能研究家」の腕の見せどころですから！

結果的に、『ビリギャル』のさやかちゃんのような、奇跡的な（僕は奇跡だと思っていませんが）結果を残した子どもたちを何人も送り出してきましたし、僕が自分の会社で採用した「変わった人たち」は、その能力を伸ばし、大いに実績を上げています。彼らがどんな人たちなのか、僕がどんな課題を与えて彼らの才能を伸ばしたのかについても、じっくり述べたいと思います。また、〝ビリギャルの先生〟の印象が強いので意外かもしれませんが、僕は人材育成や組織改革の仕事もさせていただく機会が多くありますので、そんなマネジメントの視点も入ってきます。

《第1章》では、「才能」とは何か？　僕の考えをまとめています。「あの人は地アタマがいい」「私には才能がない」みたいなことをつい言ってしまう人に、ぜひ読んでいただきたい。**本当にあなたには、才能がないのか？　それともあるのか？――その答えが明らかになります。**

《第2章》では、〝ビリギャルの先生〟としての視点、すなわち1300人以上の生徒さんと向き合ってきた立場で、**個人の才能の伸ばし方について具体的なメソッドをまとめています。**お子さんの能力を伸ばしたい親御さんや、自分の能力を伸ばしたいと考えている学生や社会人の方は、この章に集中していただけるといいでしょう。

《第3章》では、人材マネジメントの話になります。**才能ある人材をどう見出し、どう育成していくかについて、**そして、**ひとりひとりの能力を伸ばしつつ、これからの時代でチームとしていかに強くなるかについて**まとめました。

《第4章》は、私がこれまでにお会いした「一流の才能の方」のお話を通して、**「成功者」や「天才」は〝普通の僕たち〟と何が違うのか、**考えてみました。

才能とは、いったい何なのか？

才能とは、どう見つけて、どう伸ばしていけばいいのか？

この本を参考にして、自分の才能、そして周りの人たちの才能の〝芽〟を見つけ、どんどん育てて、開花させてください。

奇跡は、起きるものじゃなく、起こすもの。そして、そんな奇跡を実際に手にしたとき、あなたはそれが奇跡なんかじゃなかったことに気づくでしょう。**きちんと根拠があるから、手に入ったものなのだ、**ということに。

目次

第2章　「能力」を「才能」へ

第3章 「才能」のマネジメント

第4章 「才能」と「成功者」、「才能」と「天才」

本文デザイン　鈴木成一デザイン室
取材協力　成田全

第1章
「才能」とは何か?

「才能」って、
生まれつき持っていなかったら、
手に入らないものなのか？

「才能」という言葉の意味を、分析してみた

あなたは「才能」って何だと思いますか？

才能という言葉は、わりと使いやすい言葉です。「才能があれば良かった」「もともと才能に恵まれている」「才能を伸ばしたい」「やっぱり才能がない」……。

うまくいったときも、うまくいかないときも。急に成績が伸びたときも、赤点を取ったときも。自分の子どもに期待をかけるときも、人が成功して羨ましいときも。失敗を悔やむときも、新しい試みに向かうときも。スポーツ観戦しているときも、音楽を聴いているときも、絵を描いているときも、料理をしているときも。思い返してみると、なかなか使う頻度の高い言葉ではないでしょうか。

才能という言葉について説明してください、と言われたら、「持って生まれた、すぐれた能力」といったニュアンスになる人が多いのかなと思います。

実際に『日本国語大辞典』を引いてみたところ「生まれつきの能力。また、その働きのすぐれていること。才幹。」と書いてありました。

一方、『大辞林』を引いてみたところ「物事をうまくなしとげるすぐれた能力。技

術・学問・芸能などについての素質や能力。」とありました。「素質」というのは生まれつき備わっている性質のことですから、やっぱり「才能」は生まれつきのものなのか、と思うでしょうか。

結局、多くの人は「やっぱり才能って、生まれたときに決まってるんじゃないか」「結局、最初から才能を持っていなければ無理ってことでしょ」と言いたくなるでしょう。

しかし、その考え方は半分正しいですが、半分間違っています。今すぐその考えをなくした方が、**人生がぐっと楽しく明るくなるので、ぜひ、僕の話を聞いてください。**

なぜ、僕がこう断言するのか、ご説明しましょう。

才能とは、生まれつきの能力だ。この一文に違和感を覚える人はいないと思います。その通りだ、という声も聞こえてきそうです。しかし正確に言うと、**「才能＝能力」ではありません。**

「能力」というのは、コツコツと努力を続けられれば、誰でも身につけることができます。

この「能力」が高まっていくと、人よりも飛び出たり、尖ったりする部分が出てきて、やがてそこが「才能」として認められるようになるのです。

もう少し辞書に頼ってみましょう。

「才」という字は、『新漢語林』によると「草木の芽」という意味を持つ漢字だとあります。また『大辞林』によると、「角」と同語源だとあります。つまり「飛び出てきた、尖った」という意味合いを持つ文字なのです。

ということは、能力の飛び出た部分が「才能」であり、天が与えた、飛び出た部分がある人が「天才」、ということになりますね。

そうそう、最後にもうひとつ。『広辞苑』で「才能」を引いてみると「才知と能力。ある個人の一定の素質、または訓練によって得られた能力。」とありました。僕は、この解釈が好きです。なぜなら……その理由は、本書を読んでもらえれば、わかっていただけるはずです。

ちなみに、「才能」って言葉、辞書によって表現がかなり違っていて面白いです。よろしければ、いろいろ調べてみてください。

大きな勘違いによって、僕は「才能」の本質を知りたくなった

これはもう本当にお恥ずかしい話なんですが、僕は子どもの頃、自分のことを天才だと思っていました。周りからも「天才だ」とか「この子は神童だ」とか言われ、すっかりそうだと思い込んでいたんですね。実際に勉強はできる方だったので、調子に乗っていたところもありました。

ティーンエイジャーになっても「自分は天才だ」と調子に乗っていた僕を見かねたのか、母が、ある日僕を呼び出して、「あんた、知らんかもしれんけど、ちょっと言っとくわ」と、衝撃的な話をしてくれたのです。それは、僕が幼稚園生のときに受けたＩＱテストのことでした。

ちなみに、僕の実家は、九州の田舎で幼稚園（現在はこども園）をやっています。そこで今も働いてくれている、ヒサエ先生という方がいらっしゃって、僕も幼稚園のときにお世話になっていました。母によると、当時、僕はＩＱテストを受けたそうなのですが、その点数があまりにも悪かったので、僕の担任であったヒサエ先生は「信

貴くんがそんなはずはない」と心配になり、まったく同じテストをもう一回受けさせたのだとか。そうしたら2回目は、普通レベルよりも少し上、くらいの結果が出た。「何かの間違いだったんだな。良かった良かった」と、その結果を提出した……という話でした。しかし、一度やったテスト問題の2回目ですから、いい点が出て当たり前。そもそも〝初見〟でやらないと意味がないテストです。

母は、僕のことを、〝才能〟という意味では、他の人より圧倒的に劣っているんじゃないかと思っていたので、調子に乗っている僕に、戒めのつもりで話してくれたのだと思います。

ところが、そのとき高校生になっていた「自称天才」の僕としては、「ええ!? 今になってそんなこと言う？」です。それはもう、心をバキバキに折られました……。しばらくは落ち込んでいたのですが、ある日ふと思い直しました。

だったら、今まで僕のことを、周りの人が天才とか神童とか言ってたのって、何だったんだろう？　と。

ＩＱ（＝多くの人が『才能』を数値化できると思っている指標）なんて、実際には才能と関係ないんじゃないか？　と思い始め、**であれば、才能って、どういうものなんだろう？**　と考えるようになったきっかけが、これだったのでした。

多くの人が
才能を数値化できると思っている
「ＩＱ」は、
実際には「才能」とは関係ない。

「才能がある人」とそうじゃない人

僕が本格的に「才能」について研究を始めたのは、アメリカの大学に留学していたときです。

確かに、小学生のときの僕は勉強ができる方でした。しかし、学力との相関関係が高いはずのＩＱは、とびきり低かった。「ＩＱテスト成績改ざん事件（!?）」がある以上、〝僕にはもともと才能があった〟というのは錯覚だったわけです。そんなわけで、才能とは何だろうと、ずっと考えていました。

大学で心理学を学び、人間の心の動きについて様々な知識を習得した僕は、日本へ帰国してから学習塾の講師を務めました。

そこでまず取り組んだのが、**「才能がある／ない」「頭がいい／悪い」「地アタマがいい／良くない」というように二元論的に人を分ける考えは間違いだ、ということを証明すること**でした。誰もがついつい、こうやって言葉で分けてしまいがちです。しかし、そんなに簡単にどちらかに割り切れるものではないはずです。

証明するためには、きっちりデータを取り、数字などを使って明確に示さなくてはなりません。そこで**僕がやったのが、塾での指導の記録を全部取ることでした。**

生徒さんにどんな課題を与えたのか。その結果がどうだったのか。そこでどんな声かけをしたのか。面接で何を話したのか。最終的な合否はどうだったのか。もうありとあらゆることを記録していったのです。『ビリギャル』が書けたのは、この蓄積があったからです。

僕はたくさんの生徒さんと出会ってきたので、「勉強ができる子」も「できない子」も「勉強しているけれど成績が伸びない子」も「急激に勉強が好きになった子」も「うちの子はやる気になればできると思っている親御さん」も見てきました。

そうしているうちにいろんなケースが集まってきて、気づけば1000人以上のデータが取れていました。

そのデータを丹念に見返してみると、塾へ来た最初の段階で「才能がない」「地アタマが良くない」「頭が悪い」「やる気がない」と言われていた生徒さんでも（そう決めつけるのは、たいてい親御さんです）、一流大学に合格しているケースがたくさんあったのです。

こうして、かなりの人数分のデータを丹念に見ていって、僕は確信しました。

それは、**才能というのは、結果でしかない**ということです。

どういうことか、ご説明しましょう。

いわゆる**「才能がある」と言われている人たちがいますよね。彼ら、彼女らには共通点があります。**

それは、みんな努力をしていることです。

多くの人は、〝あまり努力をしなくてもできちゃう人〟のことを「才能がある」と言いがちではないでしょうか。

でも、その考え方が根本的に間違っていることに、僕は気づいたのです。

人間というのは他の動物に比べて本質的にもともと頭が良くて、脳の構造から見てもとても優秀です。つまり**すべての人が、優秀と言われる可能性をもともと持っているのです。**

だとしたら、いったいどこで差がつくのでしょうか。

たくさんの子どもたちを見てきて言えるのは、勉強のやり方が間違っていたり、うまく継続できなかったり、動機付けができなくて意欲が湧かなかったり……など、いろいろな理由で、上達していかないことがあるんだということです。

いきなり本質的なことを言いますが、**自分に合っていない、ふさわしくない場所で**

いくら頑張っても、物事は身につきません。

「才能がある」と言われている人たちは、

〝その人に合った〟動機付けがまずあって、

そこから〝正しいやり方〟を選んで、

〝コツコツと努力〟を積み重ねている。

そしてきっちりと結果を出して、そのときに初めて「才能がある」という状態になる。正確に言えば、「才能がある」と言われるようになる、、、、、、、、、、、、。

周りの人たちは、その人が〝努力してきた部分〟をすっ飛ばし、目に見えている結果だけを見て「だって地アタマがいい人だからでしょ？」「才能のない自分にはできるはずがない」「才能は生まれつきだから」と頭ごなしに決めつけてしまいます。

しかし、それは間違いです。

「氷山の一角」という言葉がありますが、水面よりも上に出ている部分は、全体の約1割だと言われています。その下の9割に、血の滲むような努力があってこそ、氷は浮いていられるのです。

「才能がある」と言われる人に
共通しているのは、
〝正しいやり方〟を選んで
ちゃんと努力をしていること。

人はどういうときに、「あの人は地アタマがいい。才能がある」と言うのか

僕は全国各地から依頼をいただき、様々な場所で講演をしています。調べてみたら、ここ3年間で約15万人の方にお話をしていました。学生さんや親御さん向けの「教育」をテーマにした講演から、ビジネスパーソン向けの「人材育成」や「チームビルディング」についての講演まで、ターゲットはいろいろですが、共通しているテーマは「個人の能力をいかに伸ばすか」ということです。

お客さんの多くは、僕のことを『ビリギャル』で知っていますから、皆さんに向かって、僕は必ず、こう問いかけます。

「僕はたびたび、『ビリギャル』のさやかちゃんは、もともと地アタマが良くて、才能があったんでしょう、という言い方をされます。この中で自分の息子さん、娘さん、あるいは自分自身が『地アタマがいい』『才能がある』と思う人は、手を挙げてください」

会場に1000人いたとして、どれくらいの人が手を挙げると思いますか？

だいたい3人くらいです。たったの0・3％。面白いことに、どこの会場でもこの割合はほぼ一緒です。

そこで、さらに質問をします。

「では、〝地アタマ〟とか〝才能〟って、何なのでしょうか？　皆さんは何をもって、『さやかちゃんは地アタマがいい、才能があった』と思ったのでしょうか？　逆に何をもって、皆さんは自分の息子さん、娘さん、あるいは自分自身は地アタマが良くない、才能がない、と思っていらっしゃるのですか？」

こう聞くと、だいたいの人は「う〜ん」と言うばかりで、答えが出ません。

そこで僕はこう言います。

「これは、皆さんが〝結果〟だけを見ているからなんです」と。

「さやかちゃんは、学年ビリからスタートして、慶應義塾大学と明治大学と関西学院大学に受かりましたが、実は皆さんは、『慶應と明治と関学に合格した』という〝結果〟しか見ていません。これは他のことでも当てはまります。名門の中高一貫校に合格した、早稲田大学に受かった、東京大学に受かった、医学部に受かった、ハーバード大学へ留学した、弁護士になった、本を書いてミリオンセラーを出した、すごい発明をして世界を変えた、起業して株式公開をして大金持ちになった、ノーベル賞を受賞した……などなど、いずれも〝結果だけ〟を見て、この人は『地アタマがいい』『才能がある』と言っているのです」

こう説明すると、皆さん、ハッとするようです。

大学に落ちれば「もともと才能がない」。
受かれば「地アタマが良かった」

『ビリギャル』にも書いていますが、さやかちゃんが初めて僕のところへ来たとき、家族も友人もほぼすべての人が、「慶應合格なんてまず無理」「身の程知らず」「勉強ができるようになるはずがない」と思っていました。さやかちゃんのお父さんは「お前が受かるわけがない。塾にお金を払うのは、ドブに金を捨てるみたいなもの。一銭も出さないから、やめなさい」と言ったそうです。ですから、塾のお金は、お母さんが苦労して払ってくださいました（その後、さやかちゃんの成績がメキメキ上がったのを目の当たりにしたお父さんは、応援してくれるようになりました）。

さらに学校の友達からは「さやかはもともとバカだったけど、とうとう頭がおかしくなった！」と言われたそうです。それまで遊んでばかりいて、成績も悪くて〝バカ〟だったのに、「私は慶應へ行く」と、急に勉強を始めたことから、ついたあだ名が「ガリ勉バカ」。

学校の先生からは「お前が慶應に受かったら、俺は全裸で逆立ちして、ここを1周してやるわ」と言われたそうです。ちなみに映画『ビリギャル』では、先生は約束を守ったことになっていますが、実際には、卒業式のときに合格通知を見せに行ったら、無視されたそうです（ひどいですよね！）。

でも、もし、ですよ？　さやかちゃんが猛勉強して、成績も上がって、偏差値もすごく上がった。でも受験に失敗してすべての大学に落ちていたら……。それでも彼女は「地アタマは良かった」「才能はあった」と言われたでしょうか？

金髪のギャルで、聖徳太子を「せいとくたこ」と読んでいたさやかちゃんです。もし受験に失敗していたら、周りから「それ見たことか」「言わんこっちゃない」「ああいう大学は、才能がある人が行くところなんだよ」みたいに言われていたでしょう。

それがどんな人であっても、結果が出たら「元がいい」「地アタマがいい」と言われ、結果が出なければ「もともと才能がない」、と言われるのです。受験までに驚くほど偏差値が上がっていたとしても、です。

人は結果しか見てくれない、結果からしか判断しない、ということなのです。

「地アタマ信仰」を今すぐやめる。

人は、「結果」に合わせて、事実を「物語」にする

このように**多くの場合、「結果」が才能の有無の判断基準になります。**これはつまり、**結果によって、過去の解釈もすべて変わってしまう**、ということでもあります。

面白いことに、「いい結果」が出ると、その人の過去にやっていたことが、〝すべて〟ポジティブな見方で捉えられるようになってしまいます。

ここで、僕の過去がガラッと変わってしまったエピソードをご紹介しましょう。

『ビリギャル』がベストセラーになり、売上が120万部を超えて、映画化もされました。おかげ様でその後に出した本も反響が良く、執筆の依頼もたくさんいただくようになりました。

僕の周りがそんなふうに騒がしくなっていたある日、『ビリギャル』を出す以前からお付き合いのある会社の社長さんとお会いしました。そのときに、こんなことを言われたのです。

「坪田さんて、もともと文才がありましたからね」

しかし僕は、『ビリギャル』を出す以前に、小説やエッセーのようなものを書いた

り、それをどこかに掲載したりなどはしたことがありません。この人は何を見て、僕に文才を感じていたのかな？　とシンプルに疑問が湧きました。

「社長は、僕の何を見て、そう思ってくださったのですか？」

そう質問すると、社長さんは、

「メールから滲み出ていた」

とおっしゃったのです。

気になった僕は、社長あてに出したこれまでのメールを全部チェックしてみました。

するとそのほとんどが「お世話になります。坪田です」から始まる、ビジネスメールのテンプレート的なものばかり。これはつまり、僕がベストセラーを出したことで、勘違いされてしまったということに他なりません。

人間の記憶というのは、思い出すごとに、〝自分が納得いく形〟へと改ざんされてしまうもの。つまりこの社長さんの中で、僕がベストセラーを出したという「結果」によって、過去の記憶がごっそり改ざんされてしまった、ということです。

一目惚れや大恋愛も、同じことだと思います。「この人が運命の人！」と思ってしまった瞬間から（＝すなわち「結果」を決めてしまった瞬間から）、どんな意地悪をされても、冷たくされても、「自分のためにやってくれている」「好きだから頑張れる」と思い込めてしまう。しかし、ふとしたことで、「その人は運命の人なんかじゃなかった（＝その「結果」は自分の妄想だった）」と気づくと、過去の解釈ががらりと変わって、一気に気持ちが冷めてしまうわけです。

もうひとつ、わかりやすい例を挙げましょう。

ノーベル賞を受賞すると、必ずニュースになりますよね。すると、たとえば、受賞者の奥様にインタビューして、彼女にとってどういう夫なのか尋ねたり、受賞者の出身地へ行って、彼がどんな子どもだったかを聞いて回ったりします。

a「研究者としては一流かもしれないけど、家では何もしない人です」
b「あまり群れないタイプで、昔から一匹狼みたいな感じです」
c「みんなが右へ行くときでも、自分は左だと思ったら左へ行くような人」
d「何を言われても気にしない、〝自分〟を強く持っている人です」
e「子どものときから発想が他の人とは違ったところがあって、ユニークでした」

……といった具合に、ノーベル賞を受賞するような人は、普段から普通とは違う、子どもの頃から思考も発想も他の人とは全然違っていた、というような内容のコメントが次々出てきます。

ここで、少し皮肉な見方をしてみます。同じ人が、実は「罪を犯した人」だったらどうでしょう?

a′「家のことはすべて妻に任せっきりで、外へ出かけてばかりいた」
b′「どのグループにも属さず、まったく協調性がなかった」
c′「こうと決めたら梃子でも動かない人で、絶対に従わなかった」
d′「ルールは全然守らなかったし、人の話なんかまったく意に介さなかった」
e′「いつも一人だけ違う考え方で、わがままを言って和を乱し、大変だった」

……どうですか? ノーベル賞を獲った人と、罪を犯した人。同じ性格の同じ過去を持った人だったとしても、結果次第でここまで見方が変わってしまう。〝真逆の認知〟をされてしまう。

このように**人々は、「結果」から遡って「物語」を作ろうとするもの**なのです。

結果を見て↓それまでの認知が変わってしまい↓新しい物語ができあがる。

このときのキーファクターとなるもの、大きなウェイトを占めているものが、まさに「才能」なのです。

「やる気」は幻想です

『ビリギャル』のさやかちゃんは、慶應に入りたいと強く思い、そこから僕の指導を素直に受け入れてくれました。勉強を続ければ偏差値が上がっていくことを、身をもって実感し、猛勉強して合格に至りました。

この「強い思い」が30ページに出てきた「動機付け」です。

「ダメな人間なんていないんです。ただ、ダメな指導者がいるだけなんです」と、僕は『ビリギャル』で書きました。ダメな指導者というのは、この「動機付け」をしないどころか、逆に子どもたちの気持ちを削いでしまいます。それどころか、削ぐことばかりやっている場合さえあります。

「動機付け」というのが、いわゆる「やる気」のこと。

「やる気がある」「やる気がない」という言い方をよくしますが、実は心理学的には「やる気」という言葉は使いません。こういうときは「動機付け」という言葉を使います。

とはいえ、一般的に使う言葉は「やる気」ですよね。

面談では親御さんが、

「うちの子はやる気がないんです」

と言いますし、部署の売上が悪ければ上司が、

「お前たちには、やる気がないのか！」

なんて言って叱りますが、こう言うとき、「やる気は、良いもの」「やる気は、前向きなもの」「やる気は、持っていなくちゃダメなもの」というニュアンスが前提にありますよね。


このように、「やる気」という言葉は、基本的にはポジティブなものとして捉えられています。ですから「睡眠のやる気がある」とか「やる気に満ち溢れる休憩時間」とか「今日もやる気でテレビを見る」なんて使い方はしません。

しかし、眠いときは「寝たい」という強い動機付けがありますし、休みたいときは「休憩したい」という動機付けがあります。宿題をしないときは、「勉強よりも、テレビを見たくて仕方ない」「勉強よりも、ゲームがしたくて仕方ない」「勉強よりも、漫画を読みたくて仕方ない」……という強烈な動機付けがなされていたりします。眠いときも、宿題をしないときも、実は強い思いによって動いている状態なのです。

つまり、本来、仕事や勉強を意欲的に頑張っているときだけ動機付けがある、とい

うわけではないということです。人は、どんなときでも必ず、動機付けによって動いているのです。

親御さんはわが子に対して「やる気を持ってほしい」と言いますが、その子は「遊びたい」という強い動機付けがあって、「勉強したい」という動機付けがないだけです。

「動機」のない子なんて、一人もいません。

「やる気」というのは、そもそも親の幻想なのです。「うちの子のやる気スイッチはどこにあるの？」とよく聞かれますが、そんな魔法のスイッチはありません。

これは上司と部下の間でも同様です。

「やる気スイッチの幻想」をただちに取り払ってください。そして、「人はすべてのことにおいて、常に動機付けによって動いているもの」、という大前提を頭にたたきこんでください。

であれば、**〝いかに動機付けするか〟が重要になってくるかわかりますね。親御さんが子どもに対して願うやる気も、上司が部下に対して願うやる気も、やり方次第できちんと引き出せる**はずなのです。

「やる気スイッチ」などありません。

やる気のもとである「動機付け」を分析してみた
――まず「何をどう認知しているか」

この「動機付け」について、もう少し考えてみましょう。

少し専門的な説明になりますが、動機付けは、**「認知」「情動」「欲求」の3つの行動から成り立ちます。**

まずは「認知」から説明していきましょう。さきほども「認知」という言葉を出しましたが、才能について考えるときにもとても重要なキーワードなので、ぜひ理解しておいてください。

たとえば、読書経験が浅い人が、プルーストの『失われた時を求めて』や、ドストエフスキーの『カラマーゾフの兄弟』などの大長編を目の前にしたら、「こんな分厚い本、無理！　絶対に読み切れない」と思って、読む前から諦めてしまうでしょう。

しかし、一見すると〝**高すぎるハードル**〟も、**「認知」次第で、越えることができます。**

目の前に500ページの本があります。これを20日間で読み終えたい。さて、どうしたらいいでしょうか？

答えはとてもシンプル。一日25ページずつ読めば、20日間で読み終えられます。25ページなら、できそうではないですか？　さっそく今日、25ページ読んでみようと思うはずです。

人間というのは「これなら自分にできそう」で、しかも「これはきっと人生の役に立つに違いない」と思えたら、行動に移すものなのです。

これが「**認知**」です。

ところで、この認知には、かなりの個人差があります。面白いエピソードをご紹介しましょう。

バンクーバー・オリンピックとソチ・オリンピックに出場し、現在はプロフィギュアスケーター、解説者、振付師として活躍する鈴木明子さんとお話ししたときのことです。鈴木さんは、2018年の平昌冬季オリンピックのテレビ中継でフィギュアスケートの解説をされていたのですが、その解説に感激した僕は「とても素敵な解説でした」とお伝えしました。すると鈴木さんは「初めてオリンピックを見て、楽しかったです」とおっしゃる。ずっと選手として活躍し、オリンピックに出場したこともある方なのに不思議なことを言うのだなあと思って聞いてみると、「オリンピックって、参加するものじゃなくて、見て楽しむものなんだなって思いました」と。

びっくりしました。これは、オリンピックに参加したことがある人だから言える言葉でした。幼いときからフィギュアスケートをやっていた鈴木さんにとって、オリンピックは「見るもの」ではなく「出場するもの」と〝認知〟されていたということなのです。

このように、**認知次第で、今、目の前に広がっている世界の見え方も、価値観も、がらりと変わります。**それによって、その先の歩き方や組み立て方が変わってくるのですから、**スタート地点で「自分が（子どもが／部下が）、何をどう認知しているか」を冷静に正確に観察することが大切**なのです。

そして、「（子どもや部下が）面白いと思える視座」を与えられれば、動機付けなんていくらでもコントロール可能なのです。

「高すぎるハードル」を乗り越える秘訣

動機付けに必要なこととして、まずは、対象を正確に「認知」する。そして、自分にそれができるのか、それともできないのか、を判断する。――ということを、前項で述べました。

動機付けの理論として、「情動」や「欲求」という観点についても説明しましょう。

「情動」というのは、バーンと感情が燃え上がってテンション上がるわ〜、となる状態です。

テンションが上がらないと、何事も続かないものです。イヤイヤ続けているようなものが長く続いた試しはないでしょう。結局やめてしまいますよね。親に無理やりやらされる算数のドリルや、行きたくないと思いながら通っている習い事などが長続きしないのは、このせいです。

この「テンション上がるわ〜の状態」＝「情動」というのは、別の言葉で言い替えると「感情」です。過去の経験の積み重ねで生まれる「感情」であったり、現在進行形のものに対する「感情」です。

そして、もうひとつの動機付けの理論が**「欲求」**です。

「欲求」は、「本当に自分がそれをやりたいと思うかどうか」です。

たとえば、新しいことはテンションが上がりやすいものです。それが楽しければ、ますますテンションは上がりますよね。しかし、一時的にテンションが上がってやったことが、後になって「なんでこんなことしたんだろう？」となる経験、皆さんもありませんか。「計画していなかったのにやってしまった」というのがそれです。「衝動買い」がいい例ですし、そういう要素で起こってしまう犯罪も多くあると思います。

こういう一時的なものは、動機付けにはなりません。自分がそれを本当に続けたいという気持ちがあるのかどうか、すなわち、ある程度**安定した心理的エネルギーとしての「欲求」があってはじめて、「動機付け」になるのです。**

ここで、『ビリギャル』のさやかちゃんのケースを、「認知」「情動」「欲求」の3つに分析してみましょう。

さやかちゃんはまず僕のところへやってきて、出された課題をこなしていきました。その過程で、自分はどれができて、どれができないのか**「認知」**していきました。勉強というのは、自分ができるようになっていくと、どんどん面白くなっていきます。それに伴って成績が上がっていく。すると**「情動」**が刺激され、さらにテンションが上がっていきます。

さらにさやかちゃんには「慶應に合格したい」「お父さんや先生を見返したい」という強烈な**「欲求」**があるので、動機付けが持続していった。するとそこがさやかちゃんの〝尖り〟となって、やがて「才能」と呼ぶべきものになっていったというわけです。

「認知」「情動」「欲求」がないと、
才能は生まれない。
まずはじめに、
正確に「認知」する癖をつけること。

「やればできる」は、まやかしの言葉。僕は絶対に使いません

僕は、**才能というものは誰にでもあって、それは〝正しい努力〟次第で手に入るものだと考えています**（〝正しい努力〟ということが大切ですが）。

ところで「自分はやればできる」「今は本気出してないだけ」と言う人がいますが、これはとんでもない「まやかしの言葉」です。

たとえば、あなたが「何の競技でもいいから、今からオリンピックに出よう。やればできるはずだ」と思ったとしましょう。この場合は、まず**「情動」**が動かされたことから始まっています。

まず、どの競技ならできそうか、いろいろと競技を見ますよね。スノーボードやスキー、スピードスケートは無理そうだけど、ストーンを滑らせてその前をホウキみたいので擦る（こす）だけのカーリングだったらできるかも、と思ったとします。これが**「認知」**です。

それで練習を始めますが、カーリングがとても難しい競技であることに気づきます。すると「相当練習をしないと、いや練習をしても、そうそうオリンピック出場なんて

無理だ」と思いますよね。それでどうなるかというと、オリンピック出場を諦めて、カーリングの練習をやらなくなります。**「欲求」**が続かないという状態です。

「やればできる」と思っている人は、オリンピック出場という「結果」に焦点を当てているため、それが望めないとわかった瞬間に「動機」がなくなり、練習をやらなくなります。

東大に行きたいと思って過去問題集をやってみたら「なんだこれ、全然わかんない！」とお手上げ状態になり、「東大を目指すの、やめた」そして「努力するのも、やめた」となってしまうのと同じです。

また、僕は、やりたいことがあるという人がいると「起業すればいい」と勧めるのですが、ほとんどの人がやってもいないうちから「そんなの絶対無理」と言います。起業は特別な人だけがするものだと結論づけているのか、やり方も規模も何も考えないうちから即答です。

こうして見てくるとわかるように、**「やればできる」という思考は「結果至上主義」なんです。その結果が手に入らないとわかった瞬間に、やることそのものをやめてしまうのですから。**

これは、「できそうにないなら、やらない」と言っていることと表裏一体なのです。

そんなわけで僕は、「やったら、いつか必ずできるよ」という意味の「やればできる」という言葉を使いません。世の中には「できないこと」がたくさんある以上、大人が子どもに、または目上の人が部下に言いがちな「やればできる」という言葉は嘘になるからです。

……こんなふうに言うと、気持ちを削がれてしまいますか？　でも大丈夫です。使う言葉を変えていけばいいのです。

こういうときに使うべき正しい言葉は「やれば伸びる」です。

何事も、やらないよりもやった方が絶対にいいのは間違いありません。誰でも、何かを始めて、それを継続していければ、やった分だけ成長して、経験した分だけ経験値は増えて、必ず伸びていく。能力が伸びれば、その「部分」が極立ってきて、**「才能」になる可能性がある。**

使い古された言葉ですが、「継続は力なり」というのは本質的に真実なのです。**問題は、「自分にはできないと認知した段階」で丸ごと諦めてしまうこと**です。

「やればできる」という思考の人は
「できそうにないなら、やらない」人。
才能のある人が使う言葉は
「やれば伸びる」。

普通の人は「Ｗｈｙ型」、天才は「Ｈｏｗ型」。どこが違う？

フルマラソンを走ったことがありますか？　42・195キロを走り切ることは、とても大変です。

あなたが初めてフルマラソンに挑戦したとしましょう。完走は無理だったけれど30キロは走れたので、次回こそは頑張ろうと練習をして、今度は35キロまで行けた。

――こうなったら、着実に能力が伸びていることを実感できますよね。

ところが、3回目のマラソンでは20キロでリタイアしてしまった。

さて問題です。これは「退化」でしょうか？

僕はこう答えます。「いいえ、これも着実に能力が伸びている」。

なぜ、そう言えるのか？

前回のリタイアから一歩でも踏み出して、たった10メートルでも走ることができたのであれば、その時点で成長しています。なぜなら、前回のリタイアをふまえて次に向かう準備を始めたわけで、「もう絶対に完走はできないんだ」と諦めたのではないですから。

しかし、**ほとんどの人たちは、これを失敗や退化と言う**でしょう。**こういう考え方を「Ｗｈｙ型」と言います。**

Ｗｈｙ型というのは、その名の通り「なぜ？」を考えてしまう思考のこと。「なぜ前回よりも走れなかったのだろう？　私には才能がないのだろうか？」といった具合に、「フルマラソンを完走する」という結果から見て、そのことに理由付けをするのがＷｈｙ型の傾向です。できなかった理由を細かく分析してしまうのは、数学の言葉を使えば微分的な考え方。実は、この**Ｗｈｙ型の傾向でいるうちは、能力が伸びません。**

一方で、**「天才」とか「才能がある」と言われる人たちは「Ｈｏｗ型」で物事を考えます。**

さきほどのマラソンのケースで考えてみましょう。

Ｈｏｗ型の人は、「何キロ走れるか」「完走できたかどうか」といった結果に意識が行っているのではなく、その瞬間の変化、過程を楽しみます。「走れたかどうか」ではなく、「自分が走って楽しいから」マラソンをやっている。

そうしていると、自然に「次はどうしたらもっと楽しくなるか」を考えるようになる。

実は、20キロしか走れなかったときの平均タイムは、前回35キロ走れたときより速かったかもしれない。このとき、Ｈｏｗ型の人はそこに喜びややりがいを見つけ出すことができます。しかしＷｈｙ型の人はそこに価値を見出せない。というのも、Ｗｈｙ型だと結果だけに左右されてしまうから。

これを受験に置き換えてみましょう。

Ｗｈｙ型の人は、自分の偏差値で合格できるところを選びます。これは「レベルを落とせば合格できる」という考え方でもあります。そうすると、今の自分よりも伸びようとしなくなります。

「なぜできなかったのか、それは自分に才能がなかったから」「なぜできたのか、あの人は才能があったから」……そう考えて**自分に限界を作ってしまうのが「Ｗｈｙ型」の特徴。**

能力を伸ばして才能を手に入れたいのなら、「Ｈｏｗ型」で物事を考えるようにしてください。

「Ｗｈｙ型」で考える人は、**結果**主義者。
自分に限界を作り、能力が伸びない。
結果ではなく**経過**を楽しめる
「Ｈｏｗ型」は、
能力を伸ばして才能を手に入れる。

無邪気に才能の芽を潰す、大人たちの罪

「Ｗｈｙ型」で考えてしまうと、〝才能が生まれる可能性〟を潰してしまうことがあります。

もし、学校の成績が良くないあなたのお子さんが、もしくは同級生が、「今から東京大学の理科Ⅲ類（医学部）を目指す」と言ったとします。あなたはどう反応するでしょうか？

全然勉強してないのに受かるわけがない。何、頓珍漢（とんちんかん）なことを言ってるの。無理に決まってる。あそこはものすごい頭がいい人が行くところだよ……『ビリギャル』のさやかちゃんも、「慶應に行く」と言ったときに、同じような反応をされました。この反応は、〝結果〟を決めてから〝今〟を判断してしまう「Ｗｈｙ型」のものです。

これは、せっかく才能が生まれようとしているところを、みんなで寄ってたかって潰してしまっているようなものです。普通、こんなふうに言われたら「やっぱり自分なんて……」と諦めてしまうでしょう。

人というのは、肯定されると頑張る生き物です。「褒めてもらうと頑張れる」「褒めて育つ子」なんて言い方をよくしますよね。

たとえその時点でその子が勉強をしていなくても、それどころか学年ビリでも、**自分で「やろう」と決めたのなら、周りの人たちは「あなたがそう思うなら、やってみたら？」と声をかけてあげた方がいい**のです。

さて、そんなふうに肯定されて奮起したその子が、すごく勉強をして合格した、としましょう。

こういうときに、周りの大人が言いがちなのは……。

「○○さんのところのお子さん、東大の医学生らしいよ」「すごいね、天才じゃない！」「でもね、高校生のときは全然勉強できなかったんだって」「そんなわけないじゃない。もともと地アタマが良かったに決まっているでしょ」「そうね。だってお父さん、部長さんでしょ？」「じゃあエリートじゃない」みたいなこと。

しかし、部長＝エリート、その子ども＝東大理Ⅲ、というなら、〝部長さんのお子さん〟は全員、東大の理Ⅲに行っていないとおかしいですよね。

父親が高名な作家で、そのお子さんがミリオンセラーを出したとしても「やっぱり血だね」と言われてしまいますが、それも同じ仕組みです。

『ビリギャル』のさやかちゃんも、「もともと才能があったんだ」「もともと進学校だったから」みたいに言われることがあります。しかし、彼女と同じ年に、その高校から慶應に受かったのは二人だけで、もう一人は推薦入学。学年ビリの成績の人が一般入試で慶應に合格できるほどの進学校なら、100人単位で慶應に合格していないとおかしいですよね。

世間というのは、「結果」を見て「こうに違いない」という理屈を後付けする傾向があります。それも、親からの遺伝を理由にして、**「才能があったから」「地アタマが良かったから」と後から言う。**その子の努力でなく、遺伝を評価する。

さやかちゃんの場合は、こうした無粋な大人によって「才能の芽を潰される」ことがありませんでした。それはさやかちゃん本人の強さでもありますが、おかげでまばゆい「結果」を出しました（もちろん、そういう大人もいましたが、お母さんや僕という味方がいて、その味方を信じて本人が頑張れました）。家族や教師など、身近にいる人たちは「才能の芽を潰すこと」だけは絶対にしないでほしいものです。

ちなみに、あらゆるタイプの子どもたちを1300人「子別指導」してきた上で僕は、**遺伝が人の〝成功〟を左右することはない、**と言えます。親が優秀だから頭がいいはずだと言われてきた子どもでも、教育方法を間違えば、能力は伸びません。

あるとすれば、物事の取り組み方や、ものの考え方に、親の影響を受けるというだけです。

「本当の成功」とは何か？

——「長期的視点」を持つことで、幸せな成功をしよう

僕がよくされる質問がこちらです。

「坪田先生の指導を受けても全員が全員、志望校に合格しているわけじゃないですよね？　**失敗している子もいますよね？　どうしてその子たちはうまくいかなかったんですか？**」

こう聞かれたとき、僕は、

「うまくいかなかった子なんて、一人もいません」

と答えます。すべての子が、勉強をスタートした時点より、明らかに成長していますから。

この質問をする人たちが言っている〝うまくいかなかったこと〟とは、現役合格のことです。浪人すること＝うまくいかなかった、すなわち、失敗だと思っている、と

いうわけです。

これは「Ｗｈｙ型」で考えているから、導き出されてしまう考え方です。

「現役で合格したい」ということだけを考えるなら、今の自分の偏差値で確実に合格できる大学を選んで受ければいい。多くの学校や塾では、進路指導のときに、今の偏差値で受かるところ、もしくはちょっとだけ上の偏差値の学校を受験するように指導します。それは「現役で合格してくれた方が、学校や塾として都合がいいから。つまり、来年のわが校、わが塾への志望者が増えるから」です。

そこには残念なことに、今よりもその子の能力を伸ばし、才能として開花させようといった考えはありません。

しかし、**どんなことでもいいから努力をして、その子に合ったやり方を試行錯誤しながら自分のものにできれば、学力は確実に伸びます。**

僕は、浪人してもいいと思うし、当初目指していた志望校と変わってもいいと思います。自分の将来の希望を叶えてくれる専門学校を見つけられたら、それもいい。場合によっては、試験当日に体調が悪くてうまくできなかった、という結果になってもいい。そうなれば体調管理がいかに大事か身をもって知ることができます。

人生において、現役合格よりも、そっちの方が大事だと思いませんか？

僕に言わせれば「本当の成功」というのは、**「100年かけても達成したい」と心の底から思うものを見つけることや、そういう思いを分かち合える仲間を見つけること**です。

現役合格も、いい大学へ行くことも、あくまでその成功へ到達するまでの「通過点」でしかありません。**手段と目的を取り違えると、せっかくの才能が無駄になってしまう**ということを、意外に知らない大人が多いのが残念です。

もともと「頭のいい人」は確かにいます。そういう人が確実に難関大学に現役合格していたりするのを見ると、そういう人に「才能がある」と言ってしまいたくなる気持ちもわかります。しかし、その人がこれから先、自分で切り拓いていく人生は、大学に入っただけでは始まりません。

東大に入った人が、全員成功していますか？　全員憧れの生活をしていますか？　そんなことないですよね。

主教科のお勉強ができるだけで成功者になれるほど、社会はカンタンではないのです。

要するに、**「短期的な視点」での成果と「長期的な視点」での成果のどちらを望むか**という話なのですが、これの一番卑近な例は、**定期テストの点数の結果で一喜一憂**

する親子がいかに多いかということです。

たとえば大学受験においては、定期テストの点数はほぼ関係ありません。にもかかわらず、なぜか、受験には関係のない定期テストの点数が上がったとか学年順位が下がったとかに振り回され、「成果が出ていない」とやる気をなくしたり、「成績が伸びている」と喜んだりします。

「視野が極端に短期的」なケースが多すぎる。

そういう意味で、僕には、**「現役合格」ってそんなに価値が高いとはとても思えない**のです。そして、現役合格できた人を「才能がある人」ということにも、僕は違和感があるので、単に頭のいい人を「才能がある」とは、僕は言いません。

人生において、
「現役合格」「難関大学突破」は
ひとつの通過点。
「本当の成功」はその先にあることを、
まず大人が知らなくてはなりません。

僕の考え方に革命を起こした「赤ちゃんの抱き方」

「赤ちゃんの抱っこの仕方」を教えている一般社団法人育母塾というところがあります。

ところであなたは、赤ちゃんの抱っこの仕方を、わざわざ習いに行こうと思いますか？

普通は思わないですよね。だって、誰でも「赤ちゃんを抱く」ことができるわけですから。習わなくたって、地球上の多くのお母さんが、赤ちゃんを抱いてきました。

でも、育母塾の代表理事の辻直美さんから抱き方を習うと驚きます。辻さんの指導通りに抱っこすると、赤ちゃんが全然泣かないのです！　実際に体験してみると、結構な衝撃です。

赤ちゃんが泣き止まずに苦労している方は、たくさんいらっしゃいます。やっと寝たと思ってベッドに寝かせたのに急に目が覚めてギャン泣きされた、数時間おきの夜泣きで寝不足になった、どれだけあやしても泣き止んでくれない……。でも、辻さんが抱っこすると、どんな赤ちゃんも、３秒くらいで泣き止んで笑顔になるんです。初めて見たときは、本当に魔法のようでした。

実はこれ、不思議なことでも何でもなくて、真っ当な理屈があります。

大人はまっすぐに横になっても、そんなに違和感はないですよね。でも、ついこの間までお母さんのお腹の中で丸くなっていた赤ちゃんは、まだそれに慣れていない。そんな赤ちゃんにとって、平らなベッドに寝かせられることは、苦痛で不快なことでしかない。不快だからといって、まだ寝返りもできない。そうするとどうするか？赤ちゃんができるのは、泣くことだけですよね。

赤ちゃんを泣き止ませるために必要なのは、赤ちゃんが苦痛で不快にならない体勢にしてあげることです。

簡単に言うと、脚をM字にしてあげる、お腹の中にいた頃の胎児の状態にしてあげることです。抱いているときも、寝かせるときも、その体勢をキープするようにしてあげる。そうすると、すぐ泣き止みます。もう本当に、不思議なくらい泣き止みます。そして笑うんです。背中を丸めて脚をM字にする体勢は、大人から見ると窮屈そうですが、赤ちゃんには心地いい形なのです。

育母塾の代表理事の辻さんは、こんなふうにおっしゃっていました。

「あなたの何倍もある巨人が、おどおどしながら近づいてきて、おもむろにあなたの体をガッと持ち、落とすかもしれないとビビっている、という状態を想像してみてください。さてあなたは、どんな気持ちがするでしょうか？　とても不安になると思いませんか？」

これを聞いて、僕は面白いなと思いました。

確かに『進撃の巨人』に出てくるみたいな巨人が近づいてきて、自分の体を抱き上げて、ビビって落とすかもという状態で、ときどき「ああっ！」なんて不安の声を漏らされたりしたら、不安で不安で仕方ないでしょう。

「どうしても赤ちゃんに泣かれてしまう」という人がいる一方で、「子どもに泣かれない」「赤ちゃんから好かれる」という方がいますよね。その差が出る理由は何かと聞かれたら、ほとんどの人は、〝優しい〟〝穏やか〟といった人間性の違いを指摘したり、赤ちゃんが安心する匂いがするからだとか、子どもを育てた経験があるからとか、もっともらしいことを言うものです。

しかし、実際は違うのだということを、僕は辻さんを通して知りました。赤ちゃんに泣かれない人というのは、何年もやっているうちに**赤ちゃんの抱き方を体得している人**なのです。これはつまり、**経験値が上がって、赤ちゃんが泣かない状態を知っているだけだ、ということ**。抱っこした経験がないのに上手に抱ける人がいるとしたら、その人は赤ちゃんの細かな変化を観察し、感知できる人なんでしょう。何となくの抽象的な理由ではなく、そこにはしっかりとした理屈があったのです。

世の中のことは、何でもかんでも習わないといけないわけではないですし、習わなくてもできることは、当然たくさんあります。しかし〝**理屈を習う**〟**と、どんなことでも、より早く効果的に能力を伸ばすことができる**ということが、赤ちゃんの抱っこの仕方から、僕が学んだことです。

「〇歳からの□□教育」が才能を殺す

その育母塾を取材しているとき、見学にいらしていたお母さんが、こう言いました。

「私の子どもはもう1歳なので、今さら抱き方を習っても遅いですよね」と。

確かに、生まれてすぐに抱き方を習った方が効果的ではあるでしょう。でもまだ1歳、一人で外を歩いたりすることもできないし、泣くこともある。だったら、習っておいても損はないはず。近所の子や親戚の子、自分の孫のときに役立つ可能性も十分あります。

それに、誰にとっても、〝今〟が一番若いときです。何かを学ぶのに「早い方がいい」という考えを持っているのであれば、「1歳になってしまったから遅い」ではなく、**今すぐに学んだ方がいいに決まっています。明日は、来月は、来年は、今より確実に年を取っているわけですから。**それ以上に、「抱き方だけで、赤ちゃんの様子ががらりと変わる」ということを知ることができたら、それはあなたの中の「小さな革命」でもあると思うのです。

「英語は小さいときから習っておいた方がいい」「脳が柔らかいうちに文字を覚えさせる」というようなことを聞いたり言ったりしている人は多いでしょう。

ところが、こうした**「○歳からの□□教育」みたいなものが〝才能を殺している〟**と、僕は思うのです。

こうした誤った教育観を信じてしまうせいで、「○歳だともう遅い」という考えになってしまうのです。小学生の子どもの成績が芳(かんば)しくなければ「幼稚園のときからやらせておけば良かった」と言うでしょう。中学の〝数学〟でつまずくと「〝算数〟をもっとちゃんと勉強しておけば良かった」と言うでしょう。**多くの人が、何かというと「すでに差がついちゃっていることは、今からやったとしてもすでに遅い」と言うのです。**

中学生も同じことを言います。「中学受験して開成へ行っているような子と自分は、勉強を始めたところから違う」なんて言いますね。大学生だったら「高校生のときにもっと勉強すれば、いい大学へ行けた」。社会人になったら「暇な学生のうちに、読書しておけば良かった」。30代の人は「20代のときに資格を取っていれば良かった」。40代になると「どれだけ遅くても、30代まではスキルを磨いておくべきだった」。50代になると「40歳までに転職すべきだった」。定年退職したら「元気なうちに、もっと頑張って働いておけば良かった」……。これは面白いくらいに、すべての世代の人が、同じように思うことなのです。

とにかく人は、ひたすら後悔しながら生きているものなのです。これはもはや「〝**いつでももう遅い**〟**後悔教育観**」と言っても過言ではないでしょう。

〝四回転ジャンプ〟も〝100メートル走10秒切り〟も、かつては「人類には無理」と言われていた

死ぬ直前というのは、どんな人でも心安らかになって、みんなに感謝して亡くなっていく……といったイメージがありませんか?

しかし実際は、7割方の人は不平不満を言いながら死んでいくと、とある看護師さ

んから聞いたことがあります。人は死ぬ前にものすごく愚痴を言うし、文句も言うそうです。「ありがとう」「みんなのおかげです」「私の人生に悔いはない」なんて言いながら死ぬというのは、幻想なのかもしれません。

何歳になったって、人間の根本なんて変わりません。日頃文句ばかり言っている人は、死ぬ間際になっても変わらず文句を言うでしょう。そもそも文句を一切言わないような人なんて、いないのではないでしょうか。

ところで、人が文句を言うのはなぜでしょうか。僕は、「人が後悔する生き物で、ひたすら後悔しているからだ」と思うのです。前項でも書いたように、**何歳になっても後悔しているのが人間**です。

では、「後悔」しないためにはどうしたらいいのでしょうか？　それには、この後悔の連鎖をどこかで断ち切るしかありません。

どうやって断ち切るか。それには、**「今すぐ」⇓「後悔をしないための選択肢を選び」⇓「やる」**こと。**「やらなかった」という後悔を、なくしていくしかありません。**

そう考えると、「○歳だから、もう遅い」という言葉が、やりたくないための言い訳にしかならないことがわかりますね。**「○歳だから、もう遅い」というのが口癖、考え癖になっている人は、延々と後悔の続く、文句の多い人生になってしまう**ことに、早く気づいてください。

子どもでも、70代の人でも、始めようと思えばいつだって始められます。「すごくやりたい」と思えることがあるのなら、まずはやってみればいい。やってみて興味がなかったら、やめればいい。

人間というのは、**一日生きている時点で、昨日よりも成長しています。**自分の能力（だと思えるもの）を日々少しずつ尖らせ、それを**自分の「才能」にしていくことは、何歳からだってできる**のです。――この考え方で努力を積み重ねていけば、最終的には、ものすごく大きなことも成し遂げることができます。

たとえば、フィギュアスケートの四回転ジャンプや、100メートル走のタイムで10秒を切るということは、かつては「人類として無理だ」なんて言われていたことです。しかし今では、それをクリアできる選手が何人もいます。**彼らは「無理と言われているから」という理由で諦めなかった。**そして、練習することで、昨日より今日、今日より明日、と上を目指し続けてきた結果ではないでしょうか。

頭ごなしに「無理だ」と思って、挑戦することをやめてしまっていたら、これはあり得ません。「やらない理由」が立ちはだかっても**諦め切れなかった人だけが、奇跡を起こせるのです。**

「やらない理由」を
探すのをやめましょう。
いつからだって、
何歳からだって、
始められます。

尖った部分をさらに磨けば、選択肢は限りなく広がる

フィギュアスケートの羽生結弦選手や、将棋棋士の藤井聡太七段のように、子どもの頃から能力を伸ばしている人は、早いうちに自分の才能となった〝尖りの部分〟を、さらに尖らせていこうとします。

彼らのような、いわゆる〝神童〟〝天才〟と呼ぶべき若者を見て、多くの大人たちはこう言うでしょう。

「あんなにすごい才能で活躍できる人なんて、ほんの一握りの人だけだ」と。

しかしこれは、僕に言わせれば、まったく、逆。

当然のことですが、世界選手権の金メダリストも、オリンピックの金メダリストも、そのときに一人しかいません。棋士だったら、トーナメントを勝ち上がって優勝するのも一人。

大人になると、みんながチャンピオンやタイトルホルダーにはなれないことを知っています。用意されているイスがとても少ないことも知ってしまっています。だから、「勝てるのは一部の人だけ」という考えになってしまうのです。

でも**才能を発揮する場所って、そんなに少ないものでしょうか？**

もちろん誰からも目につく場所、多くの人から注目される有名な場所はあります。

しかし、もっと広い視野を持ってほしいのです。

自分の中にある〝すべての尖り〟を、ひとつひとつ丁寧に磨いていったら、その分だけ、選べる仕事や職業ができるはず。選択肢を広げるのは、自分自身なのです。

もしかしたら、将棋ではうまくいかなかった人が、その知識を活かして将棋とチェスを融合させた新たなゲームを作って、しかもその競技が世界中に広がり、やがてはチャンピオンになることもあるかもしれない。「そんなこと！」と笑わないでくださいね。将棋だってチェスだって麻雀だって、どこかで誰かが始めたもの。これから新しいゲームが生まれないなんてこと、誰にも言えません。あなたの周りも見てください。話題の新商品や新サービスは、そんなふうに生まれていますよね。

しかし「将棋なんかやめて勉強しなさい！　この世界で成功する人なんて、一部の天才だけなんだから」と言って、せっかく尖り始めた部分を丸めてしまったら、その新しいゲームは永遠に生まれません。

そもそも、この大人の言葉は、根本的に間違っています。「席」はひとつだけではありません。そう見えているだけなのです。

しかも「席」は、今あるものだけではない。新しく作り出すこともできるのです。

もっと言えば、**そもそも「仕事を選ぶ」のではなく、「仕事を創る」ことが、これからの〝人生百年時代〟〝AIやロボットの時代〟に求められることです。**

もし、あなたが自分の能力の〝尖り〟を見つけつつあるのであれば、わざわざ抑え込んで、それを丸くすることに意味なんてありません。どんどん尖らせることです。

ちなみに、自分が尖っていないところは、〝そこ〟が尖っている別の人が補ってくれるものなので、**まんべんなくバランスよく尖ろうとする必要はありません。**それよりも、尖った人と尖った人が出会って、その尖った部分と尖った部分が刺激し合って、新しいアイデアが生まれることの方が、大きい成果が生まれます。

それに、摩擦が起きることで、自分も相手もさらに尖っていくものです。**尖りのない、丸い人たちばかりの集まりには摩擦がなく、そこからエキサイティングなものは何も生まれません。**

簡単に言うと、「あんたはいつもサッカーゲームばかり！　それ以外、何もできないじゃやない！」と言われている人と、「あなたパソコンしかしていないね！　プログラムだけで生きていけるとでも思ってるの！」と言われている二人が出会えば、究極のサッカーゲームができる。そういう時代なのだということです。

AI時代、ロボット時代で
生き残りたいなら、
バランスよりも、〝尖る〟こと！

背景や文化が違えば、認められる能力も違う

高校時代、ニュージーランドに留学していたときに「美学」というカリキュラムがありました。そこで衝撃だったのが「美しさとは何か」という授業でした。

学校のホールで、いろんな音を聞かされました。ホャーン、ホワーン、ホーワン……という反響音みたいなものだったり、ギーギーと何かを擦るような音、黒板を爪で削るようなギギギギギッという音、そしてザ・ビートルズの曲もかかったりしました。すべて聞き終わると、先生が「今日聞いてもらったのは、すべて音楽です。アフリカの国の音楽、南アメリカの国の音楽、ヨーロッパの国の音楽など、各国で人気の音楽で、それぞれの国で一番美しいと言われている音です」とおっしゃいました。これはもう本当に衝撃でした。

そこで僕が感じたことは、**「国や文化や歴史や背景が変わるだけで、美しさの定義ってこんなに変わるんだ」**ということでした。

僕らは、ある特定の文化、環境の中に生きていて、そこにあるものを良しとしているだけなのです。でも、それはあくまでも限られた枠の中。違う文化や環境のところ

に行けば、良しとされるものも変わります。

どうやら人は、自分の知っているものと少しでも違っていたり、少し変わっているだけで、拒絶反応を示してしまうみたいです。

でも、〝自分の感覚の外側にあるもの〟を、わからないという理由で、いきなり否定してはいけない。それを理解し、愛している人たちも、いるからです。

実は、「才能」もこれと同じだと思うのです。

あなたが持っている能力は、ある人からは「そんな能力には意味がない」と言われているかもしれない。でも、それは、別の人からしたら絶賛に値するものかもしれない。

特定の人の評価だけを頼りにしてしまったり、ある一面を見ただけで信じてしまったりすると、能力や才能を正当に評価できなくなってしまうのです。

アインシュタインは言っています。

「誰もが天才だ。しかし、魚の能力を木登りで測ったら、魚は一生、自分はダメだと信じて生きることになるだろう」。

さて、あなたの「才能への認知」は変わったでしょうか？

才能は本質的に「自分の中」にしかない

塾をやっていると、生徒さんから「塾をやめたい」と言われることがたびたびあります。

そんなときに「やめたい理由」を聞いてみると、ほとんどの場合、その理由を「人のせい」「環境のせい」にしている。一番多いのは「部活が忙しい」というものです。

そこで僕は質問します。

「部活が忙しくてやめる人と、それでもやめない人の差って、何だと思いますか？」

すると、だいたいの生徒さんは言葉につまります。そして「顧問に言われたから……」「いや……やっぱ、親がすごいうるさくて……」「時間がなくて……」といった具合に、さらに〝他のことのせい〟にしてきます。

塾というのは、別に行かなくてもいいところです。自分が行きたいと思って行くところなのですから、やめるのも本人の自由です。しかし、そもそも何のために「塾に行こう」と思ったのでしょうか？　「学力を伸ばしたい」「志望校に合格したい」といった目的があったからでしょう。

そうやって通い始めた塾を、「やめたい」と思っている。その理由は、実はとてもシンプルです。

塾に通っていてもなかなかその目的に近づいている気がしない。つまり「自分が成長している」ということが実感できない。だから、やめたくなるのです。

ということはつまり、**自分が成長していることが実感できていれば、必ず続けられるはず**なのです。

もちろん根本的には塾側の指導不足です。先生が子どもにきちんとフィードバックできていなくて、本当は成長できているのにそれを感じられないだけ、ということもあるでしょう。

しかし、生徒側の視点に立って考えてみると、**「人のせい＝他責」にしたとき、つまり「自分のせいじゃない」と言ってしまった瞬間に、才能の芽はたちまち枯れ果ててしまいます。**これは、自分で自分の芽を枯らしてしまう考え方だからです。

才能は、本質的に自分の中にあるものです。

いえ、自分の中にしかないのです。

自分を変えることはいくらでもできる。一方で、他の人や環境などは、自分の力では変えようがないもの。

もしあなたが、「すべてを他責にしている」「環境が原因でうまくいかないと思っている」という状況でいるとしたら、その思考から抜け出さない限り、才能の磨きようがありません。**「誰かのせい」にしてしまっているせいで、実は、自分で自分を否定しています。**早くそれに気づいてほしい。

でも、誰だって挫折します。そういうときは、どうしたらいいのでしょうか？

そういうときは、「自分はどんなことをしていると楽しいのか」「何が好きなのか」「どんなことを叶えたいのか」を考えることです。**「何かのせいにする」「誰かのせいにする」のでなく、しっかりと自分を見つめてください。**

ちなみに、僕は「北朝鮮で飢餓が発生している」というニュースを見ても、「僕にもっと力があれば」と考えます。自分にどんな能力があればこの問題を解決できるだろうかと。「金さんと僕が仲良くてそれなりに意見を通せる関係性だったら、解決できるのかもしれない」とか、「事業を拡大していく中で、他国に影響を及ぼせるような人脈や資金が生まれるかもしれない」とか。どんなことでも〝他人事〟と捉えることはしません。

できない理由を
誰かのせいにした瞬間に、
あなたは自分の才能の芽を
枯らしている。

「最後の剣豪」と洞察力

鹿島神流第十八代宗家である剣術の達人であり、最後の剣豪とも言われている、國井善弥という人がいます。相手の望む条件での他流試合を受けながらも、生涯不敗であったと言われています。現代の宮本武蔵ということで、〝今武蔵〟〝昭和の武蔵〟とも呼ばれています。彼は、戦後、ＧＨＱから提案された試合（銃剣を持ったアメリカ兵との一騎討ち）に一瞬で勝利して、当時禁止されていた剣道・柔道・弓道などの日本の武道を復活させた立役者でもあります。数々の逸話から、僕の聞いた話を少し。

この國井善弥の師匠が、新陰流免許皆伝の佐々木正之進。若き日の國井は、この師匠に練習をつけてもらうため、住み込みで弟子入りしました。

しかし内弟子としての最初の数ヶ月は、ひたすら師匠の雑用をやらされたそうです。あれ持ってこい、これ持ってこい、あれやれこれやれと言われ続けるばかりで、剣術の修行は一切つけてもらえない。

そうして3ヶ月ほど過ぎ、このままでは単に雑用係でしかない、と思い始めます。剣術の稽古をしてほしくて弟子入りしたのに、朝から晩まで師匠の身の回りのお世話で1日が終わってしまうのですから仕方のないこと。しかも、その師匠の言い付け方にも不満がありました。「それ」とか「あれ」といった言葉で、曖昧な指示しか出してくれなかったのだとか。これでは具体的に何を求められているのかが、わからない。

半年くらい経った時点で、こんなことをやっていても意味がない、このままでは自分の人生の貴重な時間を無駄にしてしまう、と思い至り、夜中にこっそり逃げることにしました。

しかし、師匠に見抜かれます。

そして「やはりそうか。何をしようとしているんだ」と言われます。

國井としては逃げようとしていたとは言えず、口ごもっていたら、道場に連れて行かれます。

國井は、もはや何をされても仕方ないと覚悟しました。すると師匠が白線を1本、すーっと引いた。そして「この上に立て」と促され、木刀を渡される。さらに師匠は、自分で自分に目隠しをしたんです。そして白線の上に立って、木刀を手にして構え、こう言いました。

「思い切り打ってこい。自分は攻撃をしない」

いくら師匠とはいえ、目隠しをしている人を相手にする以上、どう考えてもこちらが有利。思い切り打ったら、師匠に怪我をさせてしまう。逡巡する國井の気持ちを見抜いたのか、さらに言います。

「怪我をさせてしまうと思っているのかもしれないが大丈夫だ。とにかく全力で打ってこい」と。

もうこれはやるしかない。國井は目をぎゅっと瞑り、エイヤ！と声を上げて打ちに行きます。しかし、打ったはずの瞬間に目を開けたら、目の前には誰もいない。ハッと気づくと、相対していたはずの師匠が國井の真後ろにいました。目隠しをしていた師匠が、いつの間にか後ろにいて、それればかりか、國井の後頭部で木刀を寸止めしている。

このとき師匠はこう言ったそうです。「雑用をさせられてばかりで、お前は何も教えてもらっていないと思っていたのかもしれないが、私が教えていたのはこれだ」と。でも、またまた國井には、師匠が何を言っているのかわからなかった……。

さて、師匠が伝えたかったことは何でしょうか。

師匠は、〝わかりにくい言葉で〟〝無駄に〟雑用を申し付けていたわけではなかった、「お前に足りないのは洞察力だ」ということを伝えたかったのだ、と言われています。つまり、「『心眼』の獲得のためだった」と。

剣術というのは洞察力が大事です。相手が右へ動こうとしているのか、それとも左か、打ち込みたいと考えているのか、何かを仕掛けようとしているのか……。そういったことを瞬時に察知し、相手の隙を突かないと、やられてしまう。使う木刀が〃真剣〃であれば、斬られることはすなわち命を奪われること。

そう考えると、これまで「ただの雑用だと思っていたこと」に、ちゃんとした意味があったことがわかってきます。師匠が朝起きて縁側に座ったとき、何を求めているのか？「あれを持て」と言われたときの「あれ」とは何か？新聞だろうか？と考えるわけです。そして新聞を読むのであればメガネがいるだろう、お茶でも飲みながら読みたいだろう、と想像力、洞察力を働かせる。國井が何ヶ月も「雑用だと思っていたこと」は、実は、洞察力を磨くための訓練だったのです。

自分が師匠から言い付けられていることはただの雑用だと思い込み、その背後にある意味もわからずに、自分の頭で考えることもなくぼーっと指示待ちをしているだけであれば、剣術を身につけるための第一歩さえも踏み出せていない、ということ。

勝負する相手が「今から僕はあなたの右の小手を打ちに行くので、避けるなり、かわすなりしてくださいね」なんて言ってくれるわけがありません。

師匠からしたら、國井が逃げ出したいと思っているのを見抜くことなんて、たやすかったでしょう。そうやって身につけた洞察力があれば、いつ逃げ出したくなるのかも、どの間合いで打ってくるのかもわかるようになるということです。毎日観察している國井がどう動いたのかなんて、目隠ししていてもわかる。相手の頭の位置の高さもわかっていますから、寸止めも当然できる、というわけです。

才能の正体は「洞察力」

相手が何を求めているのか？——これを想像し、洞察し、察知することは、勉強にもビジネスにも必要最低限のこと。

「出題者が何を（どんな答えを）求めているか」ということがわかれば、回答までの道筋は最小限で済む。

ビジネスでも、取引先や顧客が何を求めているかを考え、「相手が欲しいもの」を提示することが基本です。

極端なことを言えば、たとえば「本場フランスの三ツ星レストランでフレンチの修行をみっちりやってきた」という人が、超高級フレンチのお店を高齢化が問題になっている田舎町に出したとしても、かなりの高確率で失敗するでしょう。

相手や市場のニーズを察することのできる人が、ビジネスでも成功する。——これは、耳にタコができるほど聞いている言葉だと思いますが、それが実際はどういうことかというと、**相手の次の動きを想像できるくらい、観察・洞察・想像すること**です。

そして、そこまでして、**相手の思考や行動を見抜けるようになる人のことを、いわゆる「才能がある」と言うべきなのではないかな**、と僕は思います。

本書では「才能の正体」が何なのかを考察しています。考察の過程で、「人は『結果』から才能を見る」と説明しました。であれば、

才能がある人というのは「結果」を出せる人です。

結果はどういう人が出せるのか。

洞察力がある人に他なりません。

さて、何度も「洞察力」と言っていますが、**洞察力とは、物事を深く鋭く観察し、その本質や奥底にあるものを見抜くことであり、観察しただけでは見えないものを直感的に見抜いて判断する能力のこと**です。この洞察力の現代における達人は、吉本興業ホールディングス株式会社の大﨑洋代表取締役会長だと思います。

彼に関するエピソードで面白いものがあります。ある社員さんから聞いた話ですが、その方が新入社員だった当時のこと。まだ大﨑さんは、吉本の部長クラスだったそう

です。有名な芸人さんが主催するイベントの準備でみんな大忙しでしたが、緊張の中、本番も滞りなく進み、そろそろ全員がはけて、ゆっくりできるなという頃。芸人さんや役職者をお見送りしていると、大﨑さんが通りすがりに、その社員の方に「仕事って、探せばいくらでもあるからね」と声をかけてきたそうなのです。その瞬間にその社員さんは、「見られてるー！　全部見透かされてるー！」と思ったとか。

僕はその社員さんのことを、本当にいろんなところに目が届いていて、気が利く方だなと感じているのですが、彼はきっと、大﨑さんがイベントの中身や進行に目を配るだけでなく、新入社員の心持ちにまで気を配っていたことに感動して、自分もそうなるための努力をするようになったのだと思います。洞察力というのはこういうことなのだなと感じさせられます。

「観察力」「洞察力」「想像力」で
相手の思考や行動を見抜ける人が、
「才能がある人」であり、
「ビジネスで成功する人」です。

第2章
「能力」を「才能」へ

「生まれつきの能力」は、
すべての人が持っている。
——であれば、なぜ差が出るのか？

「できる人」「頭のいい人」の言葉を聞いてはいけない

この章では、主に教育的な視点から、個人の才能の伸ばし方を考えていきます。勉強の仕方だけでなく、仕事の能力の上げ方についてもお話しします。

「才能」という言葉を聞くと、多くの人が「もともとその人に備わっている〝すごい能力〟のことでしょ」「何の努力もしなくてもできちゃう人に使う言葉でしょ」と思いがちなのは、既に述べた通りです。

しかし、それは全然違います。

辞書で「才能」という言葉を引くと「生まれつきの能力」と書かれていることは説明しましたが、ここで私が言いたいのは、**「生まれつきの能力は、誰もが持っている」**ということです。

Aさんにはあって、Bさんにはない、というものではなく、みんながみんな持っているものだ、ということです。

しかし、「あの人には才能がある」といった言い方をするとき、「他の人にはないような能力を持っている」というニュアンスになりますね。**能力値の高い人は、単純に**

それを効果的に磨いてきただけの話なのに。

では、**「本来は誰もが持っている能力」を、どのように伸ばせば「『才能がある』と言われるべきもの＝他の人にはないような突出した能力」になっていくのでしょうか？**

そのために大事なキーワードは「**守破離**」です。

守破離とは、剣道や茶道などの修行における個人のスキルの段階を示したもの。
まず「**守**」は、師や流派の教え、型、技を忠実に守り、確実に身につける段階。
次に「**破**」は、他の師や流派の教えについても学び、良いものを取り入れ、心技を発展させる段階。
3つめの「**離**」は、一つの流派から離れ、独自の新しいものを生み出し確立させる段階。（『デジタル大辞泉』より）

ですから、**まずは〝師となる人〟の教えを守って、徹底的に真似をしてください。**
「真似する」ことを、軽んじてはいけません。成果を残している人ほど、一番初めは誰かの真似を徹底的にしているもの。そもそも、真似といっても、〝すごい〟と言われる人の真似なんて、そうそうできません。

このとき、**頭のいい人、もしくは、すごくできる人の言うことは、聞かないでくだ**

さい。

頭のいい人が「こういうふうにやったらいいよ」と言葉で教えてくれているのに、いざ実行に移しても、その通りにできない、ということがありませんか？

「頭のいい人や出来のいい人の言葉は、聞く意味がない」と僕は思っています。

なぜそう思うのか——？

〝すごくできている人〟って、自分がどうしてそれができているのかがよくわかっていないのです。なぜなら、できないことで悩んだことがないから。〝悩まなくても、できてしまっている人〟には、それを上達するための説明はできないのです。説明できないどころか、レベルに到達していない人を見てイライラが募って「なんでこんなこともできないんだ！」なんてことも言いかねません。

「普通の人にとってすごいこと」が、「できる人にとっては当たり前のこと」。だからこそ、〝できる人〟にとっては、〝できることが当たり前〟すぎて、〝普通の人にとっては難しい〟ということを認知できていないことが多いのです。

行動を完コピせよ！
――そのときに「メモ」ではなく「動画」を使う

「真似する」ということについて、もう少し掘り下げていきましょう。

僕がいつも言うのは、**「頭のいい人の行動を完コピしろ」**ということです。

いい成績を取りたいと思ったら、頭のいい人（できる人）に「どうやって勉強したら、できるようになるんですか」と聞きたくなりますよね。でも、実は、そんなノウハウを聞いても意味がない。

それよりも、あなたがすべきことは――**「普段どんなふうに勉強しているのか、今ここでやってみてください」**とお願いすることです。

何時間勉強しているのか、休憩時間は何分くらい取るのか、どのくらいのペースで問題集を解くのか、ノートはどんなふうに取るのか、参考書は何を使っているのか……全部〝完コピ〟するんです。

社会人の方も同じです。

たとえば営業成績がめちゃめちゃいい人に**「営業のやり方を教えてください」**「ど

うやったら営業成績が上がりますか？」と相談して、**アドバイスを受けても、あなた自身の営業成績を上げるための効果は少ない**でしょう。それよりも、一緒に営業先へ同行して、その人がどんなふうに挨拶しているか、どんな表情で相手に話しかけているのか、どんな言葉遣いで話しているのか、どんな順番で話をしているのか……をしっかり観察して、それと**同じ行動を〝完コピ〟する方が、成績上昇に直結**します。

さて、完コピするときに、一番近道で効果のある方法をお教えしましょう。

それは、**頭のいい人、できる人の行動を、動画で撮影すること**です。そして、動画を見ながら、彼のどこに「うまくいくポイント」があるのかを見つけるのです。

「わざわざ動画を撮らなくても、（手帳などに）メモをしたらいいじゃないか」と思う方もいるかもしれませんが、**《動画撮影》と《手書きのメモ》は、根本的に大きく違います**。手書きのメモには、書く人の主観が入ってしまうので、自分が見たいところだけを見て、大事なことを取りこぼす可能性がある。そのため、メモだけでは、どんなに参考にできることがあっても、勉強でも仕事でも思ったように成績が上がらないのです。

一方、**動画だと、普段〝自分の意思では見ていない〟ところまで映ります**。ですから、後で映像を見ながら分析することができます。映像を丁寧に見て、〝頭のいい人〟〝できる人〟が何をどうやっているのかがわかったら、今度は、その行動を完コピする。それが理想です。一番の成功の近道なのでおすすめします。

もちろん、何時間も動画で撮るのは難しいという人もいると思うので、具体的にどれくらい真似したらいいのかを説明しましょう。

たとえば、その人が毎朝6時に学校や会社に来るなら、あなたも朝6時に来るようにする。だいたい6時に来るけれど、2日に1回は3分ぐらい遅刻するなら、そこもコピーする。そういう、細かいところまで真似していくのです。すると、その人がやっている行動、挙動、言葉、タイミング、反復性、過剰なところ、抜いているところなど、いろんなことがわかってくる。すると、たとえば自分はちょっと姿勢が悪いかもしれない、とか、「ありがとうございます」を言うタイミングがおかしいかもしれない、といったことがわかるようになります。

ところで、「できる人の行動を完コピしなさい」と言うと、恥ずかしいと思う人もいるし、そもそも誰かの真似をすることに対して、否定的な人も結構います。

「自分はその人より能力が低いのだから、できる人の真似なんかしても意味がない」と思う人が、わりと多いようです。また「真似をするよりも、オリジナリティを出さなくちゃ」「自分の個性で勝負しないと戦えない」といった考え方をする人もいます。

しかし、それは間違っています。

そもそも、人間は一人ひとり違いますよね。身長も違えば声も違う、骨格も関節も違うし今までに受けてきた教育も人間性も違う。なので、どんなに〝完コピ〟しようとしても、必ずズレが出てくるのです。つまり、**どんなに誰かの真似をしても、〝あなたらしさ〟は出てしまうもの**なのです。

それに、基礎がない上にただただ「オリジナリティ」を築いたって、そんなものは、見かけだおしのオリジナリティ。あなたが戦うための武器にはなりません。

ですから、まずは完コピすべきなんです。

完コピで、「能力を磨くための基礎」を作るのです。

完コピを徹底的にやると、**必然的にオリジナリティが出てきます。**

僕に言わせれば、それが**「個性」**です。

くり返しますが、完コピにあたって、大切なポイントは、その人の**「考え方」だとか、「言っていること」ではなく、「行動」を完コピすること、**です。

人間が唯一、他人を完コピできるのが「行動」です。思考なんて、ひとりひとり全然違っているので、計測できませんし、真似してもできているかどうかわからない。

「完コピできたかどうか」が、はっきりわかるのは行動だけなのです。

できる人の真似をするとき、「言葉」よりも「行動」に注目する理由

言語学の言葉を使って、もう少し詳しく説明しましょう。

言語学には**「シニフィアン」**（意味しているもの、表しているもの）と、**「シニフィエ」**（意味されているもの、表されているもの）という言葉があります。たとえば「海（うみ）」という「言葉・文字・音」が「シニフィアン」で、そこからイメージした、魚がいるとか、青いとか、広いとかいった「海の概念」が「シニフィエ」です。

さきほどの「完コピ」の話の続きになりますが、**〝言葉だけ〟で何かを伝えようとすると、それを受け取る人は各々で認知が違う**ため、「シニフィアン」と「シニフィエ」にズレが生じてしまうのです。

学校の書き取りの授業で、先生から「気合いを入れて、10回書きなさい」と言われたとしましょう。

気合いを入れて10回書くといっても、それはどう書くのか？　何に書くのか？　そもそも気合いを入れるってどんな具合なのか？……聞いた人がどう感じるかは、それ

ぞれ違うものですよね。これは「シニフィエ」が異なっているからです。ひとつの言葉から連想する概念や映像は、個々人で違って当然です。

でも「気合いを入れて10回書け」と言った先生が、コピー用紙にシャープペンシルで10回、筆圧高めで濃く書く、という行動をやって見せたら、言葉から連想する概念や映像は統一されます。

このように、何をどうするのかを見せることができたら、シニフィエが統一される。見た人たちは、それを完璧に再現できるんです。

上司が部下に「コピー取ってきて」とお願いすることが、よくありますね。コピーして上司に渡すと、上司があれこれ文句を言う。カラーかモノクロかについて、コピーした部数について、ホチキスを留める位置について……。

「あるある」と思った方が、多いのでは？　これは「コーヒー買ってきて↓ミルクと砂糖入りはNG」や「お弁当買ってきて↓飲み物も一緒に買ってくるのが普通」とか、細かいことを言えばいろいろあります。

「コピー取ってきて」という短い言葉にどれだけの意味が内包されているのでしょうか。シンプルな指示のようで、実のところ、これはとても無茶な指示なのです。しかもひどいことに、シニフィエがズレてしまったことを自分のせいではなく、部下のせいにしている。本当はこのとき、「コピーというのはこう取るもんなんだ」と上司が一通りやって見せたら、シニフィエが明確になるので伝わるのですが。

長くなりましたが、こんな理由から、**現代においては「動画を撮っておく」のが絶対にいい。**手書きのメモではなく。録画して、その動画の通りにやればいい。今はスマホで簡単に撮影ができますから、どんどんやるべきです。しかも、動画を「撮影する」行為を実際に行うと、かなり行動に意識を向けるので、**その人の行動の特異なポイントに目が行きやすくなります。**

勉強も同じです。

自分の学校で一番成績のいい人が勉強しているところを、動画で撮らせてもらって完コピする。頑張って入った中学校で、高校で、大学で、そこでまた〝ベストな人〟を完コピする。これを繰り返していけば、確実に、ステージアップできます。

能力を
劇的&確実に上げたいなら、
できる人の
「考え方」や「ノウハウ」でなく
「行動」を完コピする。

どれだけ優秀でも継続できないと意味がない

さて、いくら僕が「才能の芽はすべての人にある」と言っても、結果が出ていない途中の段階では、不安になるものです。「そんなのはキレイごとだ！」と言って信じていない人も大勢いるのでは？

ここで、『ビリギャル』を書くきっかけになったときの話を、させてください。

さやかちゃんの妹、まーちゃんは、塾で僕の右腕の先生とともに勉強をして、上智大学に合格しました。さやかちゃんも上智を受験したのですが、不合格だったので、妹が姉のために一矢報いたような感じでした。

そのまーちゃん、実は不登校で学校の先生から見放されていたような状態でした。そんな彼女が上智に受かったときに、お母さん（ああちゃん、と呼ばれています）からメールが来ました。

そこには「誰もがさやかちゃんとまーちゃんをバカにしていて、私の家族はダメだと言われていた。私の子育てもダメだと言われていた」とありました。

――あの子たちには才能がない、バカだと言われ続けてきたけれど、坪田先生だけが信じてくれた。そういう人と巡り会えたことが、娘たちの人生において幸せなことだった。いつ家族がバラバラになってもおかしくなかった状況を、二人の娘が頑張ってくれたことでなんとかつなぎ留めてもらった。感謝しています――そんな内容でした。

僕はこのメールを読んで、猛烈に感動しました。

確かにさやかちゃんもまーちゃんも、冷静に考えてみると、塾へ来た当初は学力的には底辺の状態でした。そんなとんでもない二人が、慶應を目指す、上智を目指すということになり、その目標に向かって猛勉強して志望校に合格した。これは素敵なことだなと思ったんです。

そして「これってどういうことだったんだろう」と考えました。

勉強が嫌いで成績の悪かった子でも、するすると偏差値が上がって受験がうまくいく子もいれば、そこそこ成績が良かったのに、受験がうまくいかない子もいます。

あらためて僕は、さやかちゃんやまーちゃんの受験がうまくいったのは、どうしてだったんだろうと考えたのです。そして、このお母さんの存在、家庭の存在がとても大きいことに気づきました。

どれだけ優秀な子であっても、努力の継続ができないと、成績は伸びません。

その「継続の途中」で邪魔をされてしまうことが、たびたびあります。「継続」をしっかりと支えてくれる人がいるケースと比べると、この差はすごく大きい。

邪魔するのも、支えるのも、一番影響力があるのは家族です。

これまで僕は、多くの生徒さん、親御さんとお会いしてきましたが、問題のない家庭なんてない、と言っても過言ではありません。どこの家庭も、程度の差こそあれ、何かしらの問題を抱えているものです。

では、そこでどうすべきか？

子どもが夢を語って努力を始めようとしたときに、親が**「そんなの無理だ」「できるわけがない」と否定せず、信念を持って守る。愛情を与える。そして子どもの言葉を信じて、温かく見守る。**――子どもの才能を開花させるには、これに尽きます。

二人のお母さん、ああちゃんには、それができた。そのおかげで子どもたちは勉強を継続し、能力を伸ばし、見事に才能を開花させました。

スケールが違いますが、このことは、会社であれば、**上司と部下にも置き換えられます。**同じく、上司や先輩はいかに部下を黙って見守ることができるか？　が、部下を成長させるために大切なのです。

あなたは、わが子を、わが部下を、
〝黙って〟見守ることができるか？
――才能を開花させるには、
これに尽きる。

親から子どもにかけた呪い!? 拮抗禁止令と13の禁止令

ここでは、才能の本質を知るために、親が子の能力に与える影響力について考えてみたいと思います。

心理学に「拮抗禁止令」というものがあるのですが、これについてわかると考え方のヒントになるので、少し説明しましょう。ただ少し難しいので、この項は飛ばし読みしてくださってもかまいません。

大人や親、教師たちは、子どもに対して「しっかり勉強しろ」「無駄遣いをするな」など、様々なことを制限したり禁止したりしますよね。

特に親は、子どもが生まれた瞬間から、その子が生きていくためのルールや価値観を、無言のうちに教え込みます。そういったルールや価値観のことを「禁止令」あるいは「拮抗禁止令」といいます。何でもかんでも口に入れてはダメ、周りを汚してはダメ、我慢しなさい、大声を出してはいけない、好かれるために笑いなさい……といったことです。これらは〝乳幼児期〟に教え込むことなので、言葉を使わずに表情やジェスチャーで伝えることが多く、そうやって教えられたことは子どもの心身に染みついていきます。

子どもが「いいか、悪いか」を自分の頭で考えられるようになる前に植えつけられるものなので、こうして教えられたことは、**子どもの人格形成や、人生そのものに、大きな影響を与える**ことになります。

影響が大きいだけでなく、本来は「社会を生きるために」教え込んだもののはずなのに、場合によっては**子ども本人を縛り付けてしまう、ネガティブなものにもなりえます。**

この「拮抗禁止令」には5つあります。そして少しややこしくなるのですが、この先の〝幼少期〟の禁止令として、さらに「13の禁止令」というものがあります。

この「拮抗禁止令」と「13の禁止令」の関係が、非常に興味深いものなので、ご説明しましょう。

《拮抗禁止令》（乳幼児期に親から無言のうちに与えられるメッセージ）

1．完全、完璧であれ
2．他人を喜ばせ、満足させろ
3．努力せよ

4．強くなれ
5．急げ

《13の禁止令》（さらにこの先、幼少期に親から与えられるメッセージ）

「存在するな」……「お前さえいなければ」といった言葉で、自分が不幸の原因とされると、子どもは自分は生きるに値しないと感じてしまう。結果的に、自暴自棄、酒や薬物、性的逸脱といった依存症になる可能性が。

「何もするな」「実行するな」……しつけが厳しい、過保護、または過干渉で子どもの行動を規制する。大人になると自分で何をしていいのかわからない「指示待ち」の人になり、積極性に欠ける。他人の意見に従うようになる。

「成長するな」「親から自立してはいけない」……過保護で育てられたり、末っ子で甘やかされたりすると、「子どものままで成長せず、何もできない方がいい」と思うように。ファザコン、マザコンになりやすい。

「感じるな」「感情を表に出してはいけない」……親から我慢をさせられたり、無視されたりすると、欲求や感情を抑えるのが癖になってしまう。感情が表に出せないので、物事に無関心、無感動になる。泣いたり、怒ったりなどをせず、表情に乏しくなる。

「お前であるな」……親から「本当は男の子が欲しかった」「女は損をする」などと、自分の性別やアイデンティティを否定される。同性の友人が少なく、同性の集団が苦手で、周りからの評価や常識、世間体に左右されるように。

「子どもであるな」……「お兄ちゃんだから我慢しなさい」などと自立を促し、子どもを自由に過ごさせない。責任感が強くなりすぎて、四角四面に物事を考えるように。宴席で料理を取り分け、人のグラスを気にするなど、気配りしすぎるなどの一面も。

「近寄るな」……「今は忙しい」「後で」「静かにしろ」と親から距離を置かれる、コミュニケーションを拒絶される。誰にも本心を明かさず、自分一人が我慢すれば、と、悩みやストレスを抱え込んでしまうタイプに。

「考えるな」……威圧的に「黙って言うことを聞け」「口答えは許さない」と怒鳴ったり、ヒステリックに叱ると、子どもは考えることをやめてしまう。論理的思考、冷静な判断ができなくなる。占いの結果や人から言われたことを鵜呑みにする場合も。

「成功するな」……成功を褒めてもらえず、失敗したときには慰められ、励まされる。また肝心なところで「ダメな奴だ」と言う。心を挫かれると「自分は成功できない人間だ」と思い込み、自己評価も低くなる。

「自分のことで欲しがるな」……シングルの親や病気など、親に経済的負担をかけてしまった人が、親が我慢する姿を見てしまうことで、素直に欲求を口にできなくなる。何でも人に譲ってばかりいる、金を貸す、貢いでしまうなど、自分の心を押し殺すように。

「健康であってはいけない」……病気のときにだけ親から優しくしてもらった記憶が強い人や、病弱な親やきょうだいがいて面倒を見ていた人に多い。病気や怪我（けが）、突飛な行動、おかしな言動で同情を引くようになる。自分の健康に無頓着な場合も。

「重要な人になってはいけない」……何をしても親の反応が薄く、認めてもらえないと、「自分は重要であってはいけない」と思い、目立たぬよう、責任回避をするタイプに。部下としてサポート側に回ると力を発揮するが、人の上に立つと萎縮（いしゅく）してしまう。

「所属してはいけない」「仲間入りをしてはいけない」「孤独になれ」……「あの子と遊んではダメ」「この子と遊んであげて」など、親が友達を選んだり、子どもの気持ちを代弁する。同世代に馴染めず、自分から言い出せないのでグループに溶け込めなくなる。

「13の禁止令」は衝撃的ではないでしょうか？　ある意味、**親が子どもに本能的にか**

けてしまう〝呪い〟のようなものです。成長していく過程で、これらが子ども自身を縛り付けるようなものになってしまうことがあるのです。

ちなみに、これだけ多くの禁止令のパターンで次々に親から否定されると、矛盾も出てきますし、子どもは混乱することになるのですが、そういうときに**子どもは親から好かれるために、どんなときも「悪いのは自分だ」という考えになってしまうのです**。そして「拮抗禁止令」さえ守っていれば親から存在が許されるため、拮抗禁止令に従ってひたすら努力し続けます。そうすることで「自分自身の存在証明」ができると思い込んでいるのが、子どもの心理なのです。

自分を出せなくなると、能力は伸びない。
鍵を握っているのは「親」

大人は何気なしに、年頃のお子さんに「□□ちゃんは、小さい頃ホントカワイかったよね」みたいなことを言ったりしますよね。

実はこれ、「成長するな」ということを暗に言っているのと同じです。「今は違うよね」という意味も隠れているし、「これ以上大人になったら、もう全然カワイくなくなるね」という意味合いにもなりかねません。

またお父さんが子どもとキャッチボールをしたとしましょう。当然、お父さんの方が、強い球、速い球を投げますから、子どもはうまくキャッチできない。お父さんは、具体的に捕り方のアドバイスをするでしょう。これは、コーチと選手の関係性です。ところが次第に子どもが上達してくると、その球をお父さんが捕球できないということが起こる。子どもにしたら、「嬉しい、自分にもできた、やった！」という気持ちですが、お父さんはこれに対して無意識に舌打ちしてしまったりします。この「チッ」と舌打ちをしたときの表情、音、声、反応――これらが何を表しているかというと、「俺を超えるな」という感情なのです。この舌打ちこそ、子どもに対しての禁止令そのものです。禁止令を出された子どもはどうなるか。お父さんに「存在を認めてもらう」ために頑張る。すなわち、キャッチボールで手を抜くようになるのです。

ちなみに、**親からこうした禁止令を出され続けると、必ず、子どもの中で矛盾が生じます**。しかし、親の方はそのときの気分で「禁止」するわけですから、その矛盾に気づかない。一方、子どもにしたら「この間はこんなふうに言われたのに、今度はこう言われた」みたいなことが次々出てきて、混乱する。すると子どもは、親を責めることはせず「悪いのは僕なんだ」と、親が喜ぶことを選ぶ。なんとか受け入れようとするのが子どもなのです。「13の禁止令」で否定されても「拮抗禁止令」さえ守っていれば自分が存在することを許されるので、存在を許してほしくて無理やり頑張ることになる。

しかし、やがては「どうしていいかわからない」という状態になります。自我が成長していく中で、ついにブレも生じて、自分というものを出せなくなっていきます。自分のことよりも、親が喜ぶことをやろうというふうになっていきます。

歳を重ねると、この存在が「親」だけじゃなくて「先生」にもなってくる。

こんなふうに「禁止令」の強い親や先生の存在が近くにあると、子どもは思考停止したり、せっかく能力が伸びているところを諦めて、引っ込めてしまったりすることになるのです。

子どもが自らの才能を開花させるにあたって、いかに親の存在が重要か、逆に、親の存在がいかに子どもを圧迫しうるかが、わかっていただけたでしょうか。

そして実は、これは上司と部下の関係にも出てきます。たとえば、自分より立場が低い人にやたらと「禁止令」を出す上司がいます。そういう人に共通しているのは「自分自身が成果を出せていない」という点。成果を出していない上司ほど、下の人に「禁止令」を出すのです。

才能ある人は、「思考停止」しない

第1章「尖った部分をさらに磨けば、選択肢は限りなく広がる」の中で、「能力を伸ばさず、尖った部分を丸くさせることには何の意味もない」というお話をしました。

でも、この尖った部分を丸くしていくことにも、実はメリットがあります。

それは、組織を統治しやすくなるということ。丸い部分の人ばかりになった方が、企業はもちろん、国家としても統治しやすい状態になります。

しかし**長期的に考えて、丸くなった人たちばかりの組織が成果を出せるのか？**

――それは難しい、成果は出ない、と僕は思っています。

実は、今の日本の学校教育というのは、「13の禁止令」と「拮抗禁止令」を国民に植えつけるためのものじゃないかと僕は考えています。

7歳から15歳までの義務教育で「これを学ばせないといけない」という内容は、国家が決めています。そして小学校の6年間、中学校の3年間では、授業内容を理解していようがいまいが、1年学んだら強制的に次の学年に上がる。ペース配分があらかじめ決まっているわけです。

そして「月曜日の1時間目は算数」といったように、カリキュラムも勝手に決められている。「今日のこの時間は国語をやりたい気分だな」と思って、算数の時間に国語の勉強をするなんてことは許されないのです。

もし、数学の時間に、授業で教わっているのとは別の単元の勉強を勝手にしていたら「なんでそんなことをやっているんだ」と言われて、行動を制限されるのが普通でしょう。

あるいは「僕は将来作家になりたいから、毎日国語ばかり、めちゃくちゃ勉強したいです」と言っても、聞いてもらえません。すべての教科をバランス良く勉強しなくてはいけない、と決まっているからです。

でも、根本的なことを言ってしまうと、**時間を決めてバランス良く勉強することが、人間の能力向上のために効果的なのかどうかは、実はきちんと検証されていません。**そう決まっているから、やらされているだけなのです。

子どものときを振り返ってみて、僕が個人的に一番納得いかなかったものが「宿題」です。実は**今までの人生で、僕は宿題をやったことがありません。**当然ですが、先生にめちゃめちゃ怒られ続けてきました。

ちなみに、僕が宿題をやらなかったのには、ちゃんと理由があります。学校の授業で「今、この勉強をしなさい」と決められてしまうことについては百歩譲っても、なぜ家に帰ってまで、自分が勉強する内容を決められなければならないのか、と思っていたのです。

　親御さんって、必ず子どもに「宿題やりなさい」と言いますよね。でもそれって、「勉強するため」ではなく、宿題を忘れると先生に叱られるからやりなさい、ということなんだと思うのです。

　実際、どんな宿題が出ているかもわかっていないで「宿題やりなさい」と言っている親御さんがほとんどですよね？　なぜこの宿題をやらないといけないかがわかっていないのに「宿題やりなさい」そして「休まずに学校へ行きなさい」と言う。

　これは、親御さんの**「思考停止の極み」**ではないでしょうか。

　ちゃんと学校へ行って、授業を聞いて、ノートを取って、宿題もやって、大学まで行く人が、もちろんいるでしょう。そういう人たちは、親や教師などの大人の言うことをちゃんと聞いてきた人たちです。「これができていないと、社会に出たって通用しないぞ」という洗脳をひたすら受け続けた人たちです。学校でも、社会に出てからも、大人の言うこと、上の言うことを聞く人が通用するんだっていう洗脳です。確かに、こういう人たちは真面目ですし、能力のある人もたくさんいます。でも、何の疑問も持たずにそうしてきた人たちが大人になっている姿をよく見てください。**「才能」と言えるほどには尖りがない。**

やや極端な見方になるかもしれませんが、そんな真面目な人たちの〝上澄み〟を、国の言いなりになる官僚にしよう、あるいは社長の言うことを聞く幹部候補にしようとするのが、20世紀の日本の教育でした（今もまだ続いていますが）。

もちろん、大人の言うことを聞くのが悪いことだと言っているわけではありません。ただ、**「わかった上で選ぶ」のと、「思考停止して、何もわかっていないのに自動的に選ぶ（実は選ばされている）」のでは、根本的に違います。**

たとえば、思考停止して自分でもわけがわからずに選んでいる人には、起業しようという発想は生まれないでしょう。もちろん、起業が正解だと言っているわけではありません。しかし、「才能」が大きくなればなるほど、既存の組織から逸脱していくことになります。結果、とくに現代においては、**才能のある人ほど起業に向かうことが多い**と言っても差し支えないはずです。

当たり前ですが、**本当に成功する人は、ちゃんと考えている人です。ちゃんと考えていないと、「能力」は「才能」にならないのです。**

与えられた教育に疑いを持たず、
真面目に言われた通りにしてきた人に、
「能力の高い人」はいるが、
「尖った才能のある人」は少ない。

今の学校教育を信じていると、能力は伸びない

日本はそろそろ、戦後教育からの転換をしなくてはいけないときだと思います。

これまでの日本の多くの産業は、国内だけでどうにかやってきていました。しかし今やグローバルな時代になり、世界を相手に戦わないといけなくなりました。**〝現代において成果を出せる教育〟を受けていないと、世界では戦えない。**しかし、そんな教育は日本の学校ではなされていません。だから今、日本は世界で負けつつあるのです。

僕は、塾をやってきた中で、たくさんのお子さんを見てきて、たくさんの親御さんと話をしてきました。その中で気づいたことがあります。

「成績が悪い」「勉強が苦手だ」「勉強が嫌いだ」という子は、その子に合っていないやり方で勉強することを強制されてきていたと。

親御さんも同席している面談で、そういう子に「好きなタレントさんはいる?」「好きな本はある?」みたいなことを聞くと、必ず親御さんの顔を見るんです。そうすると親御さんが代わりに「こういうの好きでしょ」とか「××が好きっていつも

言ってるでしょ」と答える。その子が答えるのではなく。そして「この子、自分の考えというのを持っていなくて、何でも私任せなんですよ」みたいなことを付け加える。そんなシーンを僕は何度も見てきました。

そういう親御さんは、「あなたはダメな子」あるいは「私の答えがあなたの答え」といった具合に、ずっと子どもを抑えつけてきているのです。

もちろん親御さんには、わが子を抑圧しているつもりはありません。無自覚にやってしまっている、ということがポイントなんです。

これは結局、親御さん自身が、学校でずっとそういう教育をされてきたことが原因。親御さんが悪いわけではなく、**日本の戦後教育に洗脳され続けているだけ。その結果、思考停止している、という状態**です。

こうした教育を受けた人が海外に出たときに、どうなるか？

日本から海外に行く人の多くが経験することですが、「自分で答えを出さない限り、誰も答えを出してくれない」。ですから、自分で考えて発言していかなければなりません。そんなときに、相手の顔色、上司の顔色をうかがっていたら、「無能」だと判断されてしまいます。

僕の基本は**「子別指導」**です。

その子に合った勉強法を一緒に探し、そしてとにかくいいところを見つけ、できているところをさらに改善します。多くの親御さんは、「褒めたら子どもが調子に乗る」と思うようですが、そんなことはありません。褒められると、子どもはもっと頑張ろうと思うものです。

たくさんの子どもたちを、多くの人にとって想定外の〝偏差値の高い大学〟へ送ってきた僕が、断言します。

万人にとって**効率のいい勉強方法なんて存在しません。能力を高めるにはとにかくその子に合ったやり方で、コツコツと続けていくしかないのです。**

他人の成功体験なんてあてにならない

誰にでも「才能」はあります。

正確には「才能の芽」はあります。

しかし、それは〝能力を高めないと〟出てこないものです。

ところで、**成果が出る人と出ない人がいるのは、なぜでしょうか?**

その足かせになっているのが、子どもの場合は親や教師であり、社会に出てからは

組織の上司や同僚などです。

自分が「能力を発揮できない」と思っている人は、自分の今の環境を振り返ってみてください。そして、その人たちに**「とらわれている」ことを自覚してください。**自覚できれば、そこから抜け出す道が見つかります。そして、世界に向かっていけます。はっきり言います。

親や教師、上司などが「こうしたらうまくいく」と言ってることを聞いても、うまくいくわけありません。なぜか？　それは「その人固有の成功体験」だからです。

その人に合っているやり方で得た成功体験が、たまたま他の人にも合ってしまう場合もあります。実際、自らの成功体験を、他の人にきちんと合わせることができる「名コーチ」と言われるような方も、いらっしゃいます。

でも「名選手、名監督にあらず」という言葉があるように、自分なりに試行錯誤してうまくいったことが他の人にも合う、なんていうことは、非常にレアケースです。

自分に合うやり方を探してみるしかないのです。そして、それは必ずあります。

「自分の能力が発揮できない」
と悩む人は、
親や教師、上司の言うことを
聞きすぎている。
今すぐ聞くのをやめて、
自分に合うやり方を探そう。

「技」と「術」の違い

武道の達人と言われる人たちは、だいたい4～5年でその道をマスターすると言われています。達人といえば〝老人〟というイメージを持っている人が多いですが、実際のところ、いわゆる〝伝説的な達人〟たちは、遅くても20代後半くらいまでには、すでに達人になる素地ができています。

これはある武道の先生に教えてもらったことなのですが、**「一般道場生」と「後継者」は学ぶ体系が違う**のだそうです。具体的にどれほど違うのでしょうか。

柔道を例にしてみましょう。

柔道の「技」には、一本背負い、内股、背負い投げなどがありますが、道場へ入るとまずは受け身から習い、自由に技をかけ合う〝乱取り〟などを行って、技を磨いていきます。こうして**一般道場生は、ひたすら「技の練習」をします。**

しかし**後継者候補には、早々に「術を教える」**のだそうです。

最初は一般道場生として入ってきても、見込みのある人たちというのは、技の練習を見ているとわかるのだそうです。技の習得が早く、どんどん上達していくのだとか。

上達が早いというのには理由があります。そういう人は、技の練習をする中で、ちょっとしたコツに気づくんですね。これ、67ページで紹介した「赤ちゃんの抱き方」にも通じます。

それが「術」の始まりです。**達人というのは、そういう「術」を総合的・体系的に身につけた人**です。

力ずくで投げ飛ばそうと思っても、そう簡単にはできませんよね。しかし相手が押してきた力を利用したり、自分の体重を左から右に瞬時に移動させたりすると、相手のバランスが崩れるタイミングがあります。そのタイミングで技をかけると、あっさり決まる。

柔道における「術」は、〝相手が崩れた瞬間に技をかける〟という「崩し」にあります。後継者候補の人たちは、達人たちからこれを教え込まれるわけです。

相手の体勢が崩れた瞬間を狙えば、技なんかかけなくても、そっと押すだけでも倒れてしまうもの。「膝カックン」をやったことは誰にでもあると思いますが、まさにこれ。重心がズレる、体勢が崩れる瞬間を作る、狙う、ということなのです。これはすべての武道に通じるものです。

一般道場生は「技」を何度も何度も練習していって、ようやく「術」を身につけていきます。だから強くなるまでに数十年かかります。

しかし**後継者は、まず「術」から学んで「技」を磨く。なので数年で達人になれる**というわけです。

誰かが成功すると、急に「できる人」が増える理由

技術の話を、別の例で考えてみましょう。

74ページで、かつて人類には無理と言われた、フィギュアスケートの四回転ジャンプや100メートル走のタイムで10秒を切るということが、今はクリアできていることに触れました。

これ、不思議なことに、**一人ができるようになると、クリアできる人がその後に次々と出てきますよね。**

これも「技術」です。できるんだ！　ということがわかると、すでに「技」を持つ彼らは、できる人を徹底的に研究して「術」を導き出し（コーチなどの指導者の力も借りて）、普通の人にとっては〝ありえない目標〟のクリアへと向かうことができるのです。

「できると思っていたら、いつかできる」「できないと思っていたら、そもそもできない」ということを説明するときに僕がよくするのは、「卵の話」です。

あなたは「この卵を立ててください」と言われたらどうしますか？

「コロンブスの卵」という有名な逸話を知ってる人は、殻の一部を少しだけ割って立てることを思いつくかもしれませんが、「割ってはいけません」と言われたら？

実は、微調整すれば卵は立つんです！　でも、それを知らなければ卵が立つなんて思わないでしょう。何度かトライしてできなければ、「やっぱり無理」とやめてしまうと思います。

しかし、**卵が立つことを知っている人は、何回でも、立つまでトライできるのです。誰かが成功すると、できる人が続出するのは、それが理由です。**

成功する人を見るまでは、「技」を磨くことはしているけれど、「術に到達していなかった」「術があると知らなかった」状況だったのだと思います。そこで**成功者が現れると、「術」に向き合うことになる。**

ちなみに、「コロンブスの卵」というのは、「大陸発見なんて誰でもできる！」と言われたコロンブスが、ゆで卵の端を潰して立てて見せて、「誰でもできそうなことも、最初にやるのは難しい」と言った……という有名な逸話です。

「技」だけなら、普通の人。
その先へ行きたければ
「術」を知り、体得すること。

学校の勉強も「技」と「術」に分けると、理解が格段に上がる

さて、「術」は勉強にもあるのか？

はい、もちろんあります。

$(x+y)^2=x^2+2xy+y^2$

これは中学生の数学で習う恒等式です。$(x+y)^2$を展開すると、$x^2+2xy+y^2$となる、というのはわかりますよね。公式を覚えたはずです。忘れてしまった、という方も思い出してみてください。

$(x+y)^2=(x+y)(x+y)=x^2+xy+yx+y^2=x^2+2xy+y^2$

計算の過程を書くと、こうなりますよね。展開をして、最後にまとめる。この逆が

$$(x+y)^2=(x+y)\times(x+y)=x^2+2xy+y^2$$

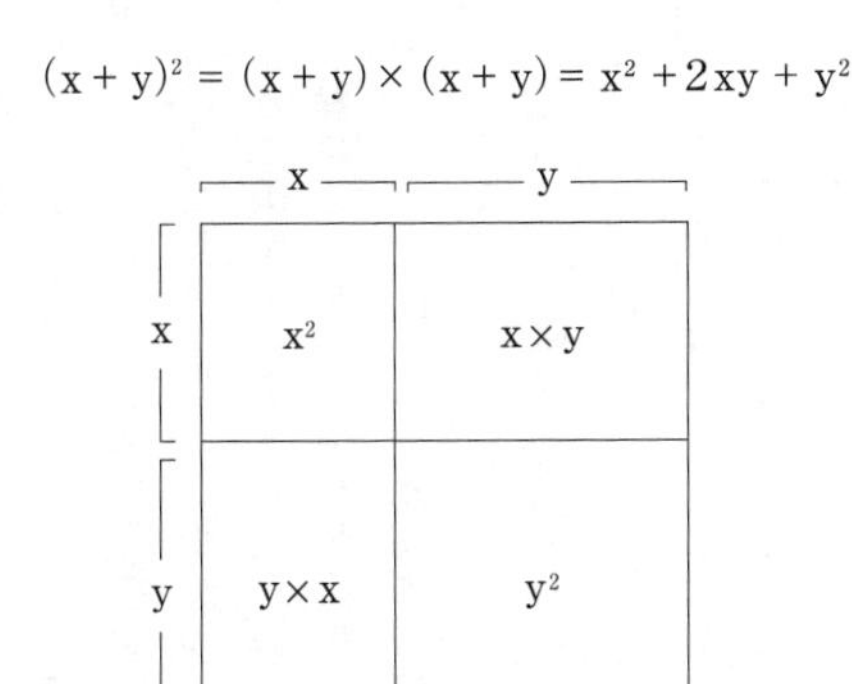

因数分解ですね。数学の先生から、最初にこうやって計算を説明されたはずです。

これを覚えるのが「技」です。

でも、これって何を計算しているのか、何を表しているのか、わかりますか？

この式には、ちゃんと考えれば「意味」があります。つまりこれは、xとyの単なる記号を組み合わせたパズルではないのです。

そう、この式は、この面積を求めているのです（上図参照）。この面積を全部足したら、

$$x^2+2xy+y^2$$

という式になる。

公式を頭につめ込むのは「技」ですが、こうやって考え方から覚えることが「術」なの

です。

実は「技」を覚える前に「術」がわかっていれば、いちいち式を展開したりとか、xとyをかけて云々みたいな、ややこしいことを覚える必要がなくなるはずなのです。頭の中で、このビジュアルを思い浮かべれば、公式なんて覚える必要はありません。記号の連なりにしか見えなかったら、覚えるのがいやになりますよね。

まさに数学でつまずく人が続出するのは、こういうところです。しかし、**映像化された瞬間に「意味」がわかるからぐんぐん理解できる。**

そういう「術」をつかんでしまうことが、上手に、しかも効率よく能力を伸ばしていくコツです。

ところが、学校ではいきなり「術」を教えません。生徒さんは、学校においては〝一般道場生〟ですから、「技」を何度も何度も練習していって、そういう地道な練習の中から「術」を身につけていかなくてはならない。今の日本の学校教育は、そういう考えに支配されているからです。

たくさんの生徒さんを見てきて確信していることがあります。

それは、**勉強が得意な人ほど、教科書の内容が映像化されている**、ということ。

さきほどの公式が、図として頭に入っているというのもそう。

　またたとえば、日本史が得意な人は、歴史の出来事が頭の中で映像になっているから、「建仁の乱と承久の乱、どっちが先だったっけ？」みたいなことがありません（ちなみに「建仁の乱」が先で１２０１年、「承久の乱」は１２２１年です）。

　「映像になっている」というのは、流れが見えているということ。時代の動きや空気感、人物たちの表情といったものまでが、イメージとして像を結んでいるから、流れを把握することが苦になりません。

　一方、**勉強が嫌いになってしまう人というのは、「技」の練習ばかりをずっとしている人**。そして最終的にイヤになってしまうのです。

　日本史の勉強で言えば、分厚い「単語カード」を、流れもわからないのに１枚ずつ覚えようとしているようなもの。イヤになって当然です。聞き慣れない、今まで使ったこともないような言葉を、ただ覚えるだけなんて！　それぞれを正確に覚えていないと、使い物にならない知識ですし、正確に覚えていたとしても、つぎはぎになっている知識です。体系的に頭に入っていないのですから、〝理解する楽しみ〟は少ないでしょう。

　しかも〝技の練習〟（計算問題をひたすら解く、英熟語を何度も書いて覚える、歴史の年号を覚える、みたいなこと）をしていると、先生や親から「そこは違う」「言われた通りにやりなさい」「何度やったらできるようになるんだ」と、注意や横槍が入るので、ますますやる気がなくなってしまい、そこで諦めてしまう。「もうやってられない」となってしまうのも仕方のないことかもしれません。

どうしても成績が上がらない、何度やってもスキルアップできないという人は、「技」と「術」を一緒にしている可能性があります。そして技の練習ばかりをしている場合があるので、「技」と「術」に分け、その場に応じて使い分けてみるべきなのです。

もちろん、「技」の練習も大切なことですよ。基礎体力がつくし、動くときに手足がスムーズに使えるようになるからです。

ただ「技」の厄介なところは、技だけを極めればテストの点数が上がるので、技の練習だけに目が行ってしまう人も多いところです。

でも、せっかく同じ勉強をするなら、楽しくわかりやすく頭に入る方がいい。であれば「術」も身につけましょう、と言いたいわけです。

勉強が得意な人は、
教科書の内容が〝映像化〟されている。
それが勉強における「術」。
勉強が嫌いになってしまう人は、
〝機械的に覚える〟という
「技」の練習ばかりをずっとしている。

才能の「壁」にぶつかったらどうするか？

「才能」は自分の中にあるものであって、勉強にしても何にしても、やっていけば能力は必ず伸びていきます。しかし、どこかで「壁」にぶつかってしまう場合も必ず出てくるでしょう。技能や学習は、やればやっただけ伸びていく、上達していくものですが、あるポイントで急に伸び悩むことがあるものなのです。

壁にぶつかってしまうと、伸びが鈍化します。そういうときに必ず抱くのは「もうこれ以上は無理なんじゃないか」という気持ち。しかし、その**壁を突き抜けないと、あなたの〝尖り〟にならず、才能として結実しません。**

しかし何をやっても前のようにぐんぐん伸びなくなったら、焦ってしまうのは当然。もしその先に「東大に合格したい」とか「オリンピックに出たい」といったはっきりした目標がある場合、その目標を諦(あきら)めようという気持ちが出てくるのもこのときです。

これは心理学で「プラトー現象」と呼ばれている状態です。プラトーというのは「高原」を意味する言葉。頂上を目指して山登りをしていて、険しい道や崖をどんどん登って行ったら、突然ぽかっと開けた高原に出た。頂上は遠くに見えているのだけど、高原がどこまでも続いていて、いくら歩いてもどうにも上る気配がない……。そんな状態がプラトー現象です。一歩一歩着実に進んでいれば、再び頂上へ達する道へ出るのですが、平らな道が延々と続いたら不安になりますよね。本当にこの道で合っているのか、今なら引き返せるんじゃないか、でもせっかく頂上が見えるところまで来たのに諦めていいのか……逡巡(しゅんじゅん)して当然だと思います。

これは、スポーツでも仕事でもよくある、いわゆる「スランプ状態」です。勉強でもよくあることで、**偏差値が低かった人がぐんぐん成績を上げていくと、だいたい偏差値60ぐらいのところで突然上がらなくなる**のです。本人は焦りますよね。これまで以上に頑張っても、成績が全然上がらないわけですから。先生や家族もどうしたものかと気を揉むし、そのプレッシャーが本人に伝わって、悪い連鎖が起きる場合もあります。

でも、これはプラトー現象だ、と思えば、一気に気持ちが前向きになります。

プラトー現象が起きているときの対処法は、非常に簡単。

もし、才能の「壁」にぶつかったらどうするか？

もう〝本当の基礎の基礎〟からやり直すことです。これしかありません。**これまでにやってきたことを、もう一回、基礎に戻ってやるのです。**

〝基礎の基礎〟って、いったいどこまで戻ればいい？

勉強を続けて偏差値60くらいまで上がると、中級〜上級の問題集をやりたくなります。「少しでも偏差値を上げたいから難しい問題もやらないといけない」と考える気持ちもわからなくはありません。でも、**壁にぶつかってしまった人は、先に進むのをいったん休止して基礎の基礎まで戻った方が、その後の成果は格段に違います。**

たとえば、アルファベットの書き順といったような超基礎のところに、変な癖があったりする。アルファベットの「A」は、左側の線から書くのが当たり前なのに、右から書くような癖がついていたり。そういう変な癖がついたままだと、後々何が起きるのか？——大量に処理をしないといけないときに、非効率が生まれてしまいます。

よくありがちなのが、数学で頻出する「x」（エックス）の書き方です。

皆さんは公式などで出てくる「x」をどう書きますか？　バッテンで書く人、筆記体で書く人、「c」が背中合わせになるような書き方をする人、だいたいこの3つのパターンに分かれます。

バッテンで書く人は、乗算記号なのか、それともエックスなのかを、パッと見たときに認識できなくなる可能性が出てきます。最初はそんなに計算式も複雑ではないので、何とかなります。でも微分や積分の問題を解こうとしたら、計算式をたくさん書かないといけなくなるので、エックスが大量に出てくる。こうなると非効率が生まれてしまいます。

僕が見た限り、成績のいい子は、筆記体で書くか、「c」が背中合わせになるような書き方をしています。この形であれば、他と見間違える可能性は低くなりますから、認知のミスが起きにくい。

こういうお話をすると「本当にそんなところですか？」と懐疑的な人もいらっしゃいますが、**あるポイントで〝限界を迎えてしまう〟のは、最初の部分、スタートに問題があることがほとんど**です。基礎がしっかりしていないと、多くのものを集約しなくてはいけない難しい段階に来たときに、力が拡散してしまうのです。

だからこそ、基礎の基礎まで戻ってもういっぺんやり直すと、一気にパフォーマンスが向上するというわけです。

伸び悩み、スランプに陥ったときは、
「基礎の基礎に戻る」で、
確実に乗り越えられる。

0点だったテストは、自分を伸ばす〝いいテスト〟

僕はよく**「100点が取れたテストよりも、0点を取ったテストの方が断然いい」**という話をします。

普通に考えれば、100点取れた方がいいじゃん！　と思いますよね。

では、なぜ0点の方がいいのか？

それは「0点のテスト」というのは、「たまたま自分が知らなかったことばかりが出たテスト」だからです。

一方、「100点のテスト」というのは、「たまたま自分が知っていたことだけが出たテスト」なのです。

0点のテストも、100点のテストも、究極は、どちらも「たまたま」なんです。

ならば、**どちらがより自分の能力を成長させてくれるでしょうか？**

――0点のテストですよね！

0点のテストで、自分が知らなかったこと、できなかったことを学べば、×を◯にしていける。このテストを受ける前より、受けた後の方が、確実に伸びます。

ところが、100点のテストというのは、復習のしようがありません。復習しようとも思わないはずです。だって、もうすでに知っていることですし、100点という結果を残しているから、やる必要を感じないでしょう。

ただ、現実的なことを言うと、0点を取ってしまったテストもほとんどの人が復習しようとは思いません。誰だって0点のテストなんて二度と見たくないですから。

しかし、あえてそこに目を向けて、**0点のテストこそ、復習するのです。**それが、**あなたの能力をジャンプアップさせます。**

このときに、**「How型」で考える**ことです。「私はひとつも正解できなかったテストを、どう次に活かしていけばいいのか？」と考える。それを習慣化できれば能力はどんどん伸びるし、伸びた能力をいくらでも尖らせることができます。

ところがこのとき、**0点を「Why型」で考えてしまうと失敗します。**「Why型」だと、「全然理解できていなかったから」「そもそも私には無理だった」「進学校に行っている人と私は違う」など、できなかった言い訳ばかりが出てきてしまいます。こうして「やらない理由」をいくつも思いつくと、いつの間にか「やれない理由」「やらなくてもいい理由」にすり替わっていきます。

でも、**「できない理由」を探すのではなく、「やれる理由を探す」方が絶対にいいで**

すよね！

東大卒の親と、それ以外の親

僕が塾の面談をする際、まず**相手の基本的な枠を外す**、ということをします。「枠を外す」というのは、「自分はこんな能力しかない」「自分はこのレベルだ」といった思い込みを取り払い、**「自分は〜できる」という考え方に持っていく**ことです。この考え方を、心理学では**「自己効力感」**と言います。**「どんな自分も丸ごと受け入れる姿勢」**になってもらうのですが、これは、自分に自信を持つために、とても大事な考え方なのです（さやかちゃんのお母さんの考え方は、まさにこれです）。

このときに僕がよくするのが、神様からの「プラチナチケット」の話です。

「神様が目の前に現れて、プラチナチケットをくれたらどうする？　このチケットに書いた望みは何でも叶えてあげると言われたらどう書く？」

この質問をすると、みんな様々に答えてくれるのですが、いくつかの「型」に分けられます。

世界をこの手に収めたい、社長になりたいなど、競争に勝って一番になりたい「競争型」。

玉の輿に乗りたい、といった安定的生活保障を得たいと考える「楽して安定型」。

「10億円欲しい」のような、働かずに楽しく暮らせることを求める「楽して安定&枠はめ型」。

両親を楽にしてあげたい、世界へ貢献するようなことをしたい、といった「利他型」。

面白いことに**「自分」という枠を外すことで、その子が本来持っている「自分の価値観の方向性」を知ることができます。**これを知ることができると、この子をどう指導すべきか、どんな〝報酬〟を与えたらいいか、どう導くと乗ってくれるか、どんなことでテンションが上がるのか……といったことがわかるのです。これが、その子に合った「子別指導」の手がかりになります。

そうした後で志望校を書いてもらうと、多くの子はとりあえず「東京大学」と書きます。一番頭のいい大学＝東大というのは、日本人の誰にでも刷り込まれていることですからね。〝枠を外した後〟だと、学年でビリの子も「東京大学」と書きます。すると、たいていの親御さんは「はぁ？　ありえない」「そんなの無理に決まってる」という反応になります。子どもがやる気になったときに否定するのは、絶対にやってはいけないことなのですが……（ちなみに、相手が肯定した瞬間に否定するやり方を「呪術的コミュニケーション」と言うそうです）。

でもときどき「いいんじゃない」と言う方もいらっしゃいます。だいたいが「東大卒のお父さん」です。「いいじゃないですか。絶対できますよ」と言います。そうなると逆に、子どもの方が「いや、そんなの無理……」ってなるのですけれど、お父さんは、その〝ビリに近い成績のわが子〟が名門大学に絶対行けると思っている。

それはなぜか？

「東大に合格する」ということを自分がやっているからです。東大へ入るためには何をしたらいいのか、どんな勉強をしたらいいのかということを、正しく認知できているからなんだと思います。

親子そろって東大、というケースは結構多いのですが、それは決して、遺伝的に頭がいいということではなく、子どもが「何をすべきか」を知っていて、一番身近な場所から理解し支えてあげることができるからではないでしょうか。

「なぜ人は勉強するか」の答えはたったひとつ

ところで僕は、面談でわざと「じゃあさ、東大にしない?」みたいなことを言うことがあります。すると、お子さんは「絶対無理!」と言うのですが、お母さんはさらにネガティブな反応をします。

「そんなの無理に決まっているじゃないですか。バカにしているんですか!」

そこで僕が聞きます。

「なぜ無理だと思うんですか?」

「え、だって……そんな、勉強もしてないし……無理に決まってるでしょ?」

これは正当な理由じゃないですよね? そう思いながら、さらに聞きます。

「じゃあ質問しますが、お母さんは東大卒ですか?」

そう聞くと、たいていのお母さんたちは「いやいや、違います」と狼狽(ろうばい)します。

「では、お母さんは、東大を受験したことはありますか?」

「ないです」

「そしたら、過去出題された問題が載っている『赤本』の問題を解いてみたり、またはご覧になったりしたことはありますか？」

「いや、ないです。あるわけないじゃないですか」

「では、なぜそんなに明確に無理だって言えるんですか？」

ここでほとんどのお母さんたちはキョトンとします（ちなみに、このようなやりとりをするお母さんは、子どものときに自分自身があまり勉強好きではなかっただろうなぁという印象の方が多いのです）。

お子さんに向かって、僕が「この子は、東大に合格するのは無理」と言うならわかりますよね。これまでにたくさんの生徒を見てきて、東大にも何人も合格させてきた実績があるんですから。

その僕が「志望校を東大にしませんか？」と提案しているのです。**受験したこともない、問題を解いたこともない、赤本を見たことさえない、東大について何の経験もないお母さんが、なぜ「この子に東大は無理」と言えるのでしょうか？**

そう説明すると、一度は「確かに」とおっしゃるのですが、「でも無理です。常識的に考えて」となる方が多い。

ところで、その〝常識〟って何でしょう？　自分の常識って、すべて正しいものなのでしょうか？　そんなことはありません。

そこで、

「もしかしたらお母さんの常識はそうかもしれないけど、僕の常識は違います、ということが前提です」

と説明します。

ちなみに、**「五教科の勉強」というのは簡単**なんです。というのは、すべての問題に答えがあるから。答えがあるということは、その解法が必ずあるということ。大学受験までの学問というのは、しょせん答えがある〝例題集〟にすぎません。その解き方のパターンを覚えさえすれば、必ずできるようになります（大学からの学問はまた別です！）。

だから、**本質的なことを言うと、大学受験に才能なんか関係ないのです。才能が必要になってくるのは、大学入学から先を生きていくとき。**

その頃から「本当の才能」が欲しくなってくるのですが、その才能を見つけるためには、もともとある能力を伸ばしておかなければなりません。能力を伸ばすためには、基礎となる知識が必須。そのためにみんな勉強しているのです。

これこそが、**「なぜ人は勉強しなければならないのか」の理由**です。

ちなみに、**「教育」と「マネジメント」は違います。**たとえば、ダイエットをするためには消費カロリーを増やし、摂取カロリーを減らせばいいということを、多くの人は知っています。しかしそれを継続することができません。しかし、それを知らない人もいるのです。

「知っていてもやれない場合」と「知らないからやれない場合」のアプローチの仕方は別物です。**知らない人に知識を与えるのが「教育」です。そして、知っているけれどやれない人をやれるようにするのが「マネジメント」**なのです。

現実として、多くの親御さんは**「なぜ勉強するのかをわかっていない状態の子」にマネジメントをしようとするから、うまくいかない**のです。

話を戻します。〝大学受験まで〟と〝大学から先〟は、根本的に大きく違ってきます。たとえば大学の研究テーマについて論文を書くとき、たとえば会社の売上をアップさせるとき、たとえば子育て、たとえば美容師が髪を切ること……これらには、「解き方のパターン」も「たったひとつ導き出される正解」もありません。そういう「解答がない中で、自分なりの答えを模索していくこと」の方が、ひとつの正解をルールにのっとって導き出すより、断然難しい。

考える力をつけ、能力を伸ばして、才能を得ることで、「答えがない中で、自分なりの答えを模索していく」ことができるようになるのです。

ホリエモンこと堀江貴文さんは、東大に入学しましたが、在学中に起業して、大学を中退しています。誰もが憧れる「東大卒」という肩書きを易々と捨てました。その後の活躍のスケールや、世間から嫉妬を買うほどの躍進ぶりは、皆さんの知るところです。不本意にも収監されて〝塀の中〟の生活を経ることになり、今に至ります。そのご苦労を知らずに安易に言うことはできませんが、「本当に自分のやりたいこと」を貫いた結果、誰よりも経験値を高め、人としての器の大きさも、取り組んでいる目標も、他の誰とも比較できないサイズになりました。「名門大学卒業」という肩書きなど、たいした力になりえないことを、その生きる姿で教えてくださっているように思います。

実はこのたび、堀江さんの力を借りて、**「ゼロ高等学院（ゼロ高）」**の開校に携わりました。ここでは、宇宙ロケットの開発、和牛の生産・販売、寿司職人になるための技術や経営、ファッション、エンジニアリング……さまざまなことを、プロから学んだり、体験できたりします。まさに**「解答のないこと」を学べる学校**です。答えがない中で自分なりの答えを導き出す力を養って、**これからの時代、世界で活躍できる人材**になっていただきたいと思っています。

受験に才能は必要ない。
才能が必要になってくるのは、
学校を出てから先。
そこで生きていくために
人は「勉強する」のだ。

「成功体験がないから自分に自信が持てない」は、ただの言い訳

どんな人であっても、全部が全部うまくいって、成長し続けていく、ということはありえません。どんなことにも、失敗はつきものです。そんなときに弱気になったり、逆に誰かを非難してしまったりすることがあると思います。

ある講師が、失敗続きで自信を失ってイライラするあまり、生徒さんを泣かせてしまったことがありました。僕はその講師を呼んで、話を聞きました。彼はものすごく落ち込んでいて、マイナスの言葉ばかりを口にする。僕はそれを、うん、うんと聞いていました。

さて、そういうネガティブな状態になってしまった人がよく口にする言葉があるのです。

「塾長は坪田塾を作って、たくさんの生徒さんを志望校に合格させてきた。ベストセラーも出して、すごい成果を挙げているじゃないですか。でも、私にはその経験がありません。だから、自信なんか持てないのです」

相手と比べて、自分には経験がない、経験がないからうまくできない、できないから自信も持てない、自信がないから頑張れない、頑張れないから成果が出ない、結局経験が積めない……こうして延々と同じところをループします。こういうとき、僕はこう返すことにしています。

「なるほど確かに、僕には何度も成功体験があって、ミリオンセラーを出したこともある。でも、僕にだって、〝成功体験以前〟があった。社会的に有名な成功者だって、みんな〝成功する前〟が必ずあったはずです。もし、君が言うように『成功体験がある→自信が持てる→頑張れる』ってことなら、〝成功体験以前〟にはどうやって頑張ったらいいのかな？」

「あの人は経験したことがあるから」「あの子は頭がいいから」「あの人は進学校に通っているから」といった言い訳は、結局「でも自分はその人たちと違うので、できなくても仕方ない」という言い訳につながっていってしまいます。自分が成長するための努力をしないことを、自己弁護しているにすぎないのです。

この思考癖があると、いつまで経っても自分の才能に気づけません。

「結果を出せば自信が持てる」というのは、ニワトリが先か卵が先か、という話と同じです。そう考えてしまうから、みんな自分の才能に気づけないのです。

他人から「お前は何をしてもダメだ」「できるわけがない」と言われてその通りだと思ったり、自分で「どうせできない」「無理に決まってる」と決めつけてしまうことは、自分の可能性を潰すこととイコールです。

結果をまだ出していない、これから出すんだ、というときに、信じないといけないのは自分です。

同時に、成果が出ない期間は必ずあり、その間は耐えなければならないことも覚えておかねばなりません。

繰り返しますが、「(あの人には)才能がある」という言葉を言いたがる人に共通しているのは、「結果しか見ていない」ということです。成功した人を見て「あの人は才能がある」なんてこと、誰にだって言えます。**これから結果を出す、これから成功する人に、才能があるかどうかを決めるのは、自分です。**

「結果をまだ出していない」
「これから出すんだ」
というあなたに
才能があるかどうかは、
あなた自身が決めること。

第3章
「才能」のマネジメント

多様な才能を持ち寄ることで、
一人で戦うよりも
大きな成果を得る!?

「正解のない社会」で才能を伸ばすには

ここまで、個人の才能の芽を見つけ、開花させる基本について書いてきました。

この章では、そういう能力を社会の中で花開かせるためのマネジメント的な話、人材の育て方、そしてそこからの〝強いチーム〟のつくり方の話をします。

さっそく、塾のスタッフの話をさせていただきます。

僕が会社を立ち上げるとき、自ら面接を行って、スタッフを何人も採用しました。このとき**僕が積極的に採用したのは、「一般的な会社だったら採用されないだろう」というタイプの人たちでした。**そんな彼らが、坪田塾でどうやって能力を伸ばしていったのか、そのお話をしたいと思います。

面接に際して、「自信がなさそう」「全然目を合わせてくれない」「笑わない」「聞いたことにちゃんと答えてくれない」など、コミュニケーションに難がある人って、面接では不利になるので普通は採用してもらえないと思います。

しかし、僕はむしろそういう人たちを積極的に採用しました。

なぜ採用したのか？

「一般的な社会においては受け入れられにくい（場合によっては排除されてしまうかもしれない）人を採用し、指導することによって、彼らがこの先変わっていくのか、それともまったく変わらないのかを試してみたい」と考えたからです。そしてもうひとつ、丸くて尖りのない人たちの集団では強いチームにならないと考えたことも、この採用をした理由です。

塾講師時代、勉強ができない、ダメだと言われていた生徒さんが、自分に合った勉強法で成績を上げて大学に合格したという事例がどんどん増えたことで、僕がずっと気になっていた〝あること〟が証明されました。それは、「大学入学以前の〝答えの出る勉強〟」においては、〝できない子〟の成績を圧倒的に上げることは十分に可能だということ。そして才能は十分に伸ばせることです。

ですから、さらにその先の「正解のない社会」においても、「個人は、『才能』を得ることができるのか」ということを実験してみたかった。

それには、自分で塾を立ち上げて、〝一般的とは決して言えない、僕なりの人材採用〟をやってみるしかない。

そこで、**社会人としてどうなのかなと思われたり、この人は継続的に仕事ができなさそうだなと思われる〝問題アリそうな人〟をあえて探してみることにした**のです（もちろん誰でもいい、というわけではありません。「大学を出ていて、学力があって、生徒に指導できるスキルがある」と「犯罪は起こさなそう」という前提はあります）。

36歳、元警視庁のスナイパーが僕の右腕になるまで

まず、僕の右腕として、そして今や代表としてずっと働いているAさんの話から。

塾の講師募集に応募してきた当時、彼は36歳でした。36歳って、一般的には転職が厳しくなると言われる年代です。しかし、むしろ、36歳の若くはない男性を採用して立派にする、というチャレンジをしてみたくなったのです。

Aさんは大学卒業後に警視庁に入り、機動隊員になったのですが、とても射撃がうまく、漫画『ゴルゴ13』の主人公で超A級スナイパーのゴルゴ13／デューク・東郷みたいということで、「ゴルゴ」というあだ名をつけられました。

彼は集められた精鋭の中でも射撃の腕がトップクラスだったそうです。それで今度は、特殊部隊の「ＳＡＴ」に行かないか、と上司から言われた。テロやハイジャック事件などで活躍するＳＡＴ＝特殊急襲部隊は、高い身体能力、冷静沈着な判断

能力、何事にも負けない強靭な精神力がないと入れない、警察官の中でもエリート集団です。

SATになるには、まずは厳しい訓練を受けて、それをクリアしないといけません。どんな訓練なのかについては秘密なんだそうですが、10日間かけてやるそうで、その訓練があまりに厳しくて、彼は訓練中になんと8キロも痩せてしまったそうです。尋常じゃない厳しさだったんでしょう。

それくらい過酷な訓練なので、離脱する人も出る中、Aさんは最後まで乗り切りました。そこまで頑張っておきながら、「この仕事をやっていくのは、自分には無理」と、最終日の面接時に入隊を辞退。この栄誉を断ってしまったそうです。

そのせいで警察に居づらくなった彼は、警察官を辞めて、アメリカの大学院に留学しました。簡単に言うと……逃げちゃったんですね。

卒業した後もアメリカで働いていたそうですが、正式な就労ビザの取得が難しかったそうで、30歳になったときに帰国。何年かアメリカにいたこともあり英語は得意になっていました。そこで、名古屋の英会話教室で契約社員の教師として働くようになり、そこで36歳まで働いていたのですが、坪田塾の募集を見て、英会話教室の仕事を辞めて面接にやってきたのでした。

このような経歴の人の履歴書を見たら、普通は「いったいどんな人なんだろう？　なんでこんな人がうちに来ようと思ったんだろう？」と疑問に思いますよね。僕もそう思ったので、「なぜうちに応募してこられたんですか？」と聞いたところ、「ホームページに書かれていた言葉に惹かれました」といった、マニュアル的な返答。

しかし僕には、『36歳になって、このままじゃいけない。どうにかしたい』と思った」としか見えませんでした。そこで「才能研究家」として、ますます彼に興味を持ったわけです。

あらためて履歴書を見ると、趣味の欄に「空手」とある。僕も空手をやっていたので、「空手が好きなんですね？」と話題を振ってみたら……そこからずっと空手の話しか出てこない。いくら僕が話を変えようとしても、ひたすら空手の話を続けるアメリカ帰りの元警察官36歳……。塾の先生になるための面接ですよ。普通だったら、どう見ても「不採用」。でも僕は、**ここまでひとつのことに夢中になれるってある種の才能だな、と思って、採用を決めました。**

さっそく僕は「いつから働けますか？」と質問しました。彼は前の職場を辞めて応募してきたので、すぐに働いてくれるものだとばかり思っていたのです。

ところが彼から返ってきたのは「２ヶ月後」という衝撃の答え！

採用されるかどうかもわからないのに、6年近く働いた職場をすでに辞めて面接に来ている。そもそも36歳という高めの年齢での転職。もうツッコミどころ満載なのに、あと2ヶ月も何やるの？　それで僕は、「すぐ働いてくれませんか？　何か予定があるんですか？」と聞いてみました。

するとAさんは「いや、ちょっと僕……来月フロリダに行かないといけなくて……」と言い淀みます。現在無職の男が、フロリダまで何しに行くんだろう？　これは何かあると思ってさらに突っ込んでみると、「実は合宿へ行くんです」と言う。謎が謎を呼ぶ回答に、僕も混乱しました。

よくよく聞いてみると、どうやらスピリチュアルな体験をする合宿らしい。「合宿でどんなことをするんですか？」と尋ねると、

「すべてのものと一体化するんです。地球と私、宇宙と私は一体なんです」

僕は不思議に思いました。「どうして今、仕事を始めるのを2ヶ月も遅らせてそこへ行くんだろう？　それは彼に必要なんだろうか？」

結局、彼は2ヶ月後に、その合宿から戻ってきてから、僕のところで働くようになりました。

37歳、1ヶ月連続休暇が条件のバックパッカーが僕の左腕になるまで

もう一人、僕の左腕であるBさんがいます。

彼は岐阜県出身で高知大学卒です。なぜわざわざ岐阜から高知へ？　というのが引っかかったので、「なぜ高知大学に行こうと思ったんですか？」と質問しました。こちらもAさんのときと同じくらいの衝撃の答えが返ってきました。

「僕は鹿児島大学か、山口大学か、高知大学しか考えていなかったんです」

Bさんは、幕末が大好きだったのです。だから、薩摩藩、長州藩、土佐藩のあったところにしか行きたくなかったのでした。そこでしばし、坂本龍馬の話になりました。

才能研究家としては「来た！」という気持ちです。

彼は教育学部卒なんですが、履歴書を見ると、卒業してからしばらくの空白期間がありました。それで、この間、何をしていたのか尋ねると、世界を旅していたと言う。

彼はもともと学校の先生になろうと思っていたそうなんですが、勉強すればするほど「違うな」と感じるようになり、大学を卒業してから世界を旅するようになったと話してくれました。

そうして、2〜3ヶ月ほど、引っ越し、運送、交通整理などの仕事をしてお金を貯めては、2〜3ヶ月の予定で旅へ出て、お金がなくなったら高知へ戻ってきて、またどこかに勤めて働く、ということを繰り返す生活を4年ほどやっていたと言うのです。アクティブなニートみたいな生活です。そのせいで、履歴書を見ると、職を転々としてるようにしか見えない。一般的な会社であれば、書類選考の段階で落とされる可能性の方が高いでしょう。キャリアもないし、長く働いてくれそうもない人にしか見えない履歴書でした。

ところが、彼の経験した貧乏旅の話は、どの話を聞いてもものすごく面白い！貧乏旅というより、ほとんど〝大冒険〟。ペルーとボリビアの国境にあるアンデス山脈の、富士山より標高の高いところにあるチチカカ湖の畔の村で凍死しそうになった話。紛争地域であるトルコに行ったとき、トルコ東部のテロ多発地域で、トルコ軍の戦車に乗せてもらった話。生きるか死ぬかギリギリの、すごい話ばかりでした。

そして最終的な意思確認のとき、労働条件の希望などを聞いたんです。すると「1年のうち、最低2週間、できたら1ヶ月の休みを連続でください。それ以外は何も求めません。給料もそちらで決めてくれていいし、お任せします」と言う。

そう、彼はまだまだ旅に行くつもりだったのです！

結局その条件で採用して、働いてもらうことにしました。それから6〜7年くらいはあちこちへ行っていたみたいですが、3年くらい前に「もう飽きた」と言っていました。

余談ですが、彼は、みんなが出かけるような地域や場所には全然興味がない。アジアや中東、アフリカ、南アメリカなどの世界遺産を周るのが好きで、総移動距離で言えば、もう地球を7周半しているくらいになるそうです。ところが、未だにアメリカは行ったことがないとのことで「アメリカ、そろそろ行ってやってもいいかなと思っています」なんて言っていました……。

Bさんは今、坪田塾東京校の校長をしています。

僕が、世間一般の価値観にとらわれていない人を採用した理由

塾を立ち上げた際、Aさん、Bさんを含めて、15人ほど採用しました。世間一般の〝採用基準〟からはだいぶ外れている人たちばかりで、採用してみると、「そりゃ、今まで腰を据えて働けなかっただろうな」という人たちばかりでした。

いつも暗くて猫背で、人前でしゃべれなくて、何を聞いてもボソボソ言うばかりの女性も採用しました。彼女は面接でまったく目を合わせてくれませんでした。こんな人見知りの女性が「なぜ面接に来たんだろう？」と思ったら、逆に面白いので採用しました。

後でよくよく聞いてみると、本人としては「自分を変えたい」という思いがあったそうなのです。変身願望っていうのは、誰しも持っているもの。坪田塾の募集を見て、変わりたいと思って応募して、面接にこぎ着けたまでは良かったのだけれど、やはり誰かと会って話すことも、自分をアピールすることも苦手で、当日はものすごい緊張してしまったとか。今ではもう慣れたので、ボソボソじゃなくて普通に話してくれま

すよ！

また、「生徒のことを思うと、泣けてきちゃう！」みたいなことを言う熱血タイプもいました。彼は、これまでの人生で本を1冊しか読んだことがないと言うのでびっくりでした。しかもその1冊だけを、何度も何度も読んでいるという。『アルケミスト 夢を旅した少年』や『ベロニカは死ぬことにした』などを書いたブラジルの作詞家・小説家である、パウロ・コエーリョが書いた本だと言っていました。

僕が彼を採用した理由は、彼の〝熱さ〟や、自分のことを放り投げてでも生徒のことを考えられる、これと決めたら突き進めるところに魅力を感じたからです。

そんな〝変な人〟たちを集めて、塾はスタートしました。

はたして彼らは「才能」を開花させることができるのか？　ワクワクのスタートとなりました。

「他の会社で
認められなかった人」は、
本当に落ちこぼれなのか？
彼らに才能はないのか？

信頼関係を生むことが、才能を伸ばすための第一歩

坪田塾には「クレド」というものがあります。これは、坪田塾が何を目指すのか、何を目的とし、何を大事にするのかを、まとめたものです。ちなみに「クレド」はラテン語で「志、信条、約束」という意味があります。

「坪田塾」のクレド

坪田塾は、塾生の可能性を見出し、自主性をはぐくみ、最大限に才能を引き出す教育機関です。私達は、塾生が人生の暗闇に入り込んでしまったときに、一生涯にわたって頼りにしてくれるような灯台としての存在であるために、最高の教育環境とシステムを常に改善し、提供することをお約束します。坪田塾は現代の松下村塾であり、その塾生は世界を築き上げていく人材へと成長します。そのために、我々塾生は、常に物事を多面的に解釈し、問題の解決方法を学ぶ姿勢を持ち続けます。

社是や社訓、経営理念はどこの会社にもあるでしょう。ですから、同じ会社に勤めている人に「うちの会社の目的って何だと思う？」と聞いたら、だいたいは同じような返事が返ってくるはずです。

しかし**「だいたい同じ」と「同じ」はまったく違うもの。**

僕は会社を作る際、一緒に働く人に「同じ」思いを持ってほしいと考えてこのクレドを作りました。「坪田塾の目的は何ですか？」と聞かれたら、0・5秒以内に「クレドの達成です」と言えること、そしてその内容を理解していることを徹底させようと思ったのです。

そもそも「会社を作る」とはどういうことか、考えてみてください。

「社会をこんなふうに変えたい」「社会においてこんな存在になりたい」といった思いが最初にあり、それを実現するために才能ある仲間を募っているわけです。だから、その思いを正確に共有しておかねばならないのです。もしそれがちょっとでもズレていたら、3、4年後に大きなズレになっている可能性が大きい。

坪田塾では、「『塾生』ってどういう意味ですか？」「『可能性』とは何ですか？」「『見出す』ってどんな状態ですか？」といったことまですべて、定義してあります。細かな部分まで徹底的に検証し、自分たちが大切にしていることに〝ズレがない状態〟にする。

そうすることで、何が生まれるのか？
強固な「信頼関係」が生まれるのです。

最初の細かな誤差が、やがて大きな絶対的なズレになる

ところで「ズレ」とは何か。もう少し考えてみましょう。

これは「折り紙」で考えるとわかりやすいです。

折り紙で何かを折るとき、最初の折り目からぴったり合わせてきれいに折っていかないと、途中で少しずつ合わせ目がズレていきますよね。なんとか誤魔化して折り続けることも、やろうと思えばできる。しかしそのまま続けると、最終的に残念な仕上がりになります。もしそれが折り鶴だったら、嘴（くちばし）がツンと尖らず、顔全体がぐしゃぐしゃになっているでしょう。

実はこれは、小さい紙であればあるほど、顕著に現れます。

「バタフライ効果」という言葉があります。これは、気象学者のエドワード・ローレンツが、「ブラジルで蝶が羽ばたいたら、テキサスで竜巻が起きるか？」という

「予測可能性」について話した講演から生まれた言葉なのですが、つまり「初期条件のほんのわずかな差が、結果的に大きな違いになってしまう」という現象を指します。ほんの数ミリ、いや、ミクロン単位のズレが、5手目、6手目になると大きなものになっていって、10手目、20手目になるともう取り返しがつかないくらいのズレになってしまう……。そういうことは、現実的にいろんな場面で起きてしまうものです。

思いのズレを防ぐには、最初が肝心なのです。

それも、**規模が小さければ小さいほど、ズレはあってはならないのです。**

「リーダーになりたがらなかった人材」を
あえてリーダーに

塾をスタートする際、スタッフ全員を集めて「この中の誰かにリーダーになってもらいたい」と話しました。クレドにある「世界を築き上げていく人材へと成長」という言葉の通り、塾長の僕も、講師も、塾生も、卒塾生も、すべての人たちを「社会のリーダー」となるような存在に育てていく、という目的があります。

そこに入社してきた人たちですから、「リーダーになりたいと思う人は挙手してください」という呼びかけに、僕は全員の手が挙がると思っていました。

しかし一番年上の、経験も豊富なはずのAさん（あの〝ゴルゴ〟の男性です）だけが、手を挙げません。

それを見たとき、僕は彼をリーダーにしようと決めたのです。

そして「僕はあなたをリーダーにします。やりたくないかもしれないけど、やりたいという気持ちに、必ずさせます。そしていつかあなたを社長にして、年収1200万円以上にします」と言いました。

その結果、彼は初代リーダーとして、塾を引っ張ってくれました。後に彼はこう言います。

「後から気づいたことですが、**リーダーになった時点では、才能があるかないかは関係ない。**これは、自分が体験させられたからわかったことです」

〝リーダーの能力があるから、リーダーをやる〟わけではないのです。

いいや、リーダーの仕事に限りません。

今の自分が〝できると思っていること〟より、少しレベルの高いことをする際に、「能力がないからできない」というのは言い訳でしかありません。そんなことを言っていたら、一生何もできませんよ。

自分が採用した人たちが
本当に「才能があるのかどうか」試してみた

大前提として、今の僕は **「すべての人に才能がある」** と思っています。しかし、彼らを採用した当時は、自信を持ってそうは言えませんでした。

そんな具合ですから、坪田塾のスタッフについては、決して才能がある人を見抜いて雇ったわけではありません。「実験」というと聞こえが悪いですが、「一般的に見たら〝ブツーではない人〟をあえて採用し、彼らを指導することで彼らがはたして変わっていくのかどうか、試してみたい」という考えでした。

まさに、**「才能はもともと備わっているものなのか、それとも、身につけられるものなのかについて観察したい」** というのが、彼らを採用した目的でもありました。

日本人は「お客様は神様なので、お金を払っている側が偉い」と思いがちですが、本当はそんなことはありません。払っている側は、払ってもらっている側からのサービスやリターンをきちんと得ているわけですから、払う側と受け取る側は対等だと僕は思います。

でも実際は、「お金を払っているんだから、お前は言うことを聞け」という発想が、お客様との関係だけでなく、親子関係においても、会社内の上司と部下の関係においても、あります。

こんなふうに、**いろんなところに上下関係が自然発生しているのが、日本の社会**です。しかし僕は、この〝日本的な社会の仕組み〟を脱した形で、会社としての成功例を作りたいと考えていました。

そこで、彼らに給料というお金を払いながらも、無理難題を押しつけたり、頭ごなしに言って聞かせるのではなく、**彼ら自身が気づくようなやり方で成長を促し、才能を伸ばしていくこと**にチャレンジしてみたかったのです。

だからこそ、リーダーをやりたがらないAさんをリーダーに据え、**あえてカリスマ的リーダーを置くことをやめた**のでした。

〝本人が自分で気づくやり方〟が
才能を伸ばすと信じて、
僕がやったこと――。
最初に、「思い」を正確に共有すること。
そして、
日本的な上下関係を脱すること。

人は「ビジョン」を与えると、
そこに向かって前に進む道を見つけ出す性質がある

その人が持っている能力をいかにして見つけ、どうやってその才能を伸ばしていけばいいのか。

——これは大きな命題であり、これにはいろんな段階があります。そこで僕は、まず最初に**「人間は大義で動く」**ということを利用しました。

いきなり「大義」といっても、わかりづらいですね。大義というのは「人が歩むべき、重大で正しい道」のことです。

たとえば、仲間うちの一人が、「飲食店を一緒にやろうよ」という言葉でみんなに声をかけたとしましょう。すると、それを聞いた各々が、自分の中にある飲食店についてのイメージや知識を動員し、「ライバルが多い」「そういうことに、あまり興味がない」「飲食業は儲からないらしい」「シフトがきつい」などと、できない理由を探すことになるでしょう。これは、具体的にやりたい飲食店のイメージが不在のまま、「飲食店という概念」を元に実体のない議論が始まってしまっているためです。

面白いことに、人は、議論の対象に具体性がないときほど、批判的な意見を言いがちなのです。一方で、具体的なイメージを最初に提示すると、そこをゴールとして、そこまでの道筋を見つけ出そうと考え始めます。

　そこでまず、僕が塾のスターティングスタッフに対してやったことは、このように**目に浮かぶ具体的なビジョンを提示すること**でした。当然ながら、ネガティブなビジョンはＮＧです。前向きなものに限ります。

　ビジョンは、英語で「ＶＩＳＩＯＮ＝視覚」。スタッフに与えるビジョンとしては、その意味の通り**「目に見えている」ということが重要**です。

　たとえば「21世紀を代表する」や「世界へ羽ばたく」といったものは、前向きかもしれませんが、ビジョンとは呼べません。この言葉だけでは、映像として、その輪郭が明確に見えないからです。21世紀はまだあと80年くらいありますから、この先どうなるか全然わかりません。また、世界へ羽ばたくといっても、それが具体的に何を言い表しているのかもわかりづらい。

　さて、僕の目的は、すばらしい人材を育て上げることです。それには、まずスタッフたちとわが社のビジョンを共有しなければなりません。そのために僕は、スタッフにこう言いました。

「坪田塾は、世界史の教科書に載る塾になります」

しかし突然、世界史の教科書に載ると言われても、「どういうこと？」ですよね。

そこで、もう少しはっきりビジョンが浮かぶように、ヒントを付け加えました。

「今から200年後、坪田塾が入っているこのビルはまだ存在していると思いますか？」

そう聞けば、ビルがどうなっているかというビジョンは見えてくるでしょう。僕は続けます。

「200年も経てば、このビルはたぶんなくなっているでしょう。けれど、建物があったところに石碑が立っていて『坪田塾跡地』と刻まれている。さらに『坪田塾は2014年に設立され、多くの優秀な人材を輩出した。塾長の坪田信貴は、塾の新しい理念と学習法を提案。人々の意識を改革、日本の危機を救うこととなった。この本社ビル跡地は、新しい勉強法の確立を巡って塾長と意見が衝突した某氏が、梅の木の陰から塾長を斬りつけた〝梅の回廊事件〟の現場でもある』みたいなことも書いてある。しかも200年後のここは修学旅行のルートになっているので、お土産物として、塾生が気合いを入れるために巻いたと言われるハチマキなんかも売っていて、それをみんなが買って記念写真を撮っているんです」

まったくのフィクションですが、こんなふうに具体的なシーンを言葉で描写してあげると、それを聞いた人は、頭の中でそれを想像してビジョン化します。**こうしてその人の頭に〝映像がくっきり浮かんだ〟であろうときに、「それって面白いよね」「それが現実になっていていてほしいよね」と声をかける。**

このとき、頭の中では、僕の言葉通りに情報が映像化された状態。

その後に**大事なのは、それをアウトプットさせること**です。その人が「これが現実になっていたらいいなあと思う」と言葉にして発することが大事なのです。

なぜなら、**人は言葉を発したとき、その言葉とともに感情が動き、それによって「大義＝歩むべき大切で正しい道」となって心に残ることになる**からです。

単なる「目的」を超えた「大義」を持つことで、人は動き方が変わります。その「大義」をその人の中に植えつけるためには、この**「感情の幅」「感情が動くこと」がすごく重要なんです。**

ところで、僕が最近仲良くさせてもらっている西野亮廣さんは、芸人をしながら絵本作家としても活躍していますが、その活動の中で「ディズニーを倒す」と言っていますよね。西野さんは「ディズニーを倒す」というビジョンを自分で作り、それをアウトプット（ブログなどで公開・発信）して、それ自体を自分の大義にした。初めてそれを言ったときはだいぶ炎上したようですね。それでも西野さんは、「できるわけがない」と笑う人たちに向かって「必ずやる」と宣言し、実現までのステップをすべて見せています。「ディズニーを倒す」という大義に向かって、確実に進んでいる。

ちなみに、西野さんのすごいところは、本来は西野さん本人のための大義であった「ディズニーを倒す」という考えに共感・支持する人を、大勢作り出したところです。大勢の人が「ディズニーを倒すぞ」と思っている。この言葉を聞いた人は「この人、何言ってるの？」と初めは訝りつつも、でも本当にそうなったらすごいことだ、と思うはず。実際に彼は、目に見える形で、様々な困難をクリアしているし、絵本もベストセラーにしている。自分の感情の幅だけでなく、いわゆる観客の感情の幅も作り出すことで、**彼の「大義」を観客にとっての「大義」にもした**。そして、同じ方向に向かって一緒に歩む人を大量に作り出した。ここには圧倒的なカリスマ性を感じます。

坪田塾に話を戻します。こうして、個性的な人ばかりを集めた一見〝無謀な人材採用〟でしたが、共通したビジョンと大義によって、チームとなりました。各々の〝尖り〟の部分が異なる人が、同じ目的のもとに集うことで、チームとしては強くなります。着々と、僕の人材育成とチーム作りは進んでいきました。

人を動かすものは、

「ビジョン」と「大義」。

徹底的に「自分の口」でアウトプットすると、能力を制限していたリミッターが外れる

しかし現実的には、そう簡単にはいきません。こちらが見せたビジョンに対して「そうなりたいと思った」と言っただけでは、こちらからのメッセージが強く伝わったことにはなりません。

そこで僕は、「どう思ったのか」を説明させることにしています。

「なぜそうなりたいと思ったのか、その理由を明確に、自分の言葉で言ってみてください」と聞くのです。

このとき**「自分の言葉で言ってもらう」のが大事。**

僕が坪田塾で指導するときも、生徒さんに「何がわからないの？」と質問します。すると「〇〇がわかりません」といった答えが返ってくるので、「じゃあ、一緒に調べてみようか」となっていきます。

さっそく「〇〇」という言葉を調べると、その意味が書いてある。そこで一度「なるほど、そういう意味なんだ」と理解しますよね。そこから続けて、別の言葉につい

ても調べることにします。そうやって次の作業に入ったときに、辞書を閉じて「○○ってどういう意味だったっけ？」と聞く。思考が次の段階へと入った瞬間に前のことを聞かれると、案外つまって答えられないものです。そうなったら「じゃあ、もう一回調べてみよう」ということになります。

普通だったら、わからないことを調べ終わって、「はい、お疲れさまでした。次回またわからないところがあれば質問してください。ありがとうございました」で終わってしまうかもしれません。でも僕は、「ありがとうございました」の直後に「ところで、○○ってどういう意味だった？」ともう一回聞くのです。そうすると、ちゃんと答えられるようになっている子もいれば、また答えられなくなってしまっている子もいる。答えられなければ、もう一度調べます。

そうやって**徹底的にアウトプットさせると、記憶が脳に定着します。ここでとても重要なことは「自分の口で説明している」ことです。**定着するまでは何度も何度も聞いて、しつこいくらいやります。そこまでやらないと、記憶というのは定着しないからです。**記憶が定着するまではその子の能力にならないので、そこは徹底的に繰り返します。これが「マネジメント」です。**

基本的に、新しい知識を「テスト」や「実践」で使えるようになるためには、次のような工程を経ます。

知らない（聞いたこともない）
↓知らない（聞いたことはある）
↓わかったつもり（調べて一度は知ったけれど）
↓わかった（口頭で、理屈も含めてアウトプットできる）
↓（その知識を使って）一部できる
↓（その知識を使って）過不足なくできる。

この前半の３つの工程は「教育」が必要で、その後は「マネジメント」が必要なのです。

そんなわけで僕は、坪田塾のクレドについても、スタッフに内容を暗記させた上で、細かい中身を理解させた後にも、「この会社では何をするんでしたっけ？」と時間を空けて何度も聞くのです。目的を常に明確にするために、何回も聞く。そして言葉として発する。僕はこれをとても重視しています。

そのときに、**テンションが上がる言葉、前向きな言葉も、笑顔で繰り返し言う**ようにします。言葉と表情が一致していることを「コングルーエンシー」と言うのですが、このクレドは「良いもの」であり「大義」ですから、こちらは一番の笑顔で発しないといけません。最初は違和感を覚えるかもしれませんが、続けていると、それが当たり前になってくる。**気づけば、自分の発している言葉を信じられるようになっていて、それまで無理かなと思っていたこともできるようになっている。**能力を制限していたリミッターが外れていくのを、感じることができるのです。

一晩語り合うよりも、毎朝続ける1秒の笑顔の方が仲間意識を深める

英単語や漢字を覚えるとき、その英単語や漢字を単独で覚えようとせず、例文にして覚えなさいとよく言われると思います。

「長い文章で覚えるより、単語を繰り返し書く方が覚えやすいんじゃないか？」と思う人もいるようなのですが、それは単なる思い込みです。人間というのは、新しいものや、奇妙なもの、珍奇なものに対して抵抗を感じる性質があるらしく、**見たことも聞いたこともない新しい英単語や漢字はすぐに覚えられない**そうです。

一方で、自分が知っていること、一度でも見たことがあるものに対しては、親近感を抱くそうです。さらに何度も何度も接触しているものについては、それが自分と親

しいものだと感じるようになる。これは心理学では「単純接触効果」と言って、何度も目にしていたり、接触する回数が多ければ多いほど、その効果は高まります。

毎朝1秒微笑みかけるだけでもいい、「おはようございます」の挨拶だけでもいい、毎日続けていれば、一晩ゆっくり語り合うよりも、相手が親しみを感じる効果が大きいのです。同じクラスの人を好きになったり、社内恋愛したりするのも、この単純接触効果の影響でしょう。

このように、**人の脳は、接触回数を増やしさえすれば、記憶に定着しやすくなり、仲間だと思いやすくなるのです。**

英語を習い始めた頃を思い出してみてください。出てくる単語、出てくる単語を覚えなければならなかったときに、「SUPER」という単語を目にしました。実はこの単語は、ほとんどの人が一回で覚えてしまう単語です。なぜなら、これまでに英語を勉強していなくても、「スーパーマン」「スーパーマーケット」「スーパーセール」など、「スーパー」という単語は何度も聞いてきているからです。「SUPER」という単語を覚えるために四苦八苦した人はいないのではないでしょうか？ 「SUPER」という綴りは知らなくても、音として聞いたことがあるから、「そういう意味だったのか」と、これまでの記憶の中でスッとつながって、定着するのです。

1）頭の中にあるものを
自分の言葉にして、口に出すこと。
2）笑顔で、
テンションの上がる言葉や
前向きな言葉を、繰り返し言うこと。
――これだけで、
自分も周りも驚くほど変化する。

信頼関係はなぜ崩れるのか？

「ズレのないクレドは信頼関係を生む」ということについて書きましたが、せっかく生まれた信頼関係が崩れてしまうことがあります。

「あなたのこと、信じていたのに！」

そんなことを言われたことがある人も、言ってしまったことがある人も、いるでしょう。

この「信じる」というのは、一方的な想いである場合がほとんど。

たとえば、男性から「一生大切にする」と言われて結婚したのに、結婚後は「釣った魚に餌をやらない」状態で蔑ろにされている女性が、業を煮やして怒り出す。すると男性は「君を大切にするために、仕事を頑張ってるんだ」と言い返す。それに対して「私が考える『大切にする』というのは、一日に一回は電話してくれるとか、月に一度は外食やデートに行ったりすることよ」みたいなことを言う。

これは、「大切にする」の定義が、二人の間でズレてしまったことが原因です。

恋愛に限らず、人間関係においては、誰しもが必ず**相手に何かしらの期待をしてい**

るものです。それぞれが、それぞれに期待してることがあるのですが、「実はそこがズレていた！」ということが露見したときに、信頼関係は崩れてしまう。また、期待していたことと違うものを返されたときにも、崩れてしまうもの。「そんなつもりじゃなかった」みたいな状態ですね。

お互いの「期待」があって、それに応えることを続けていくと、自然と「信頼関係」が生まれますが、その**期待がそもそもズレていると、信頼関係というのは生じないし、これが途中からズレると「裏切られた」となる**わけです。

ちなみに、この「期待」は、それまでにかけたコストが高ければ高いほど高まります。そして、その高まった期待を毎回上回ることは、現実的にはよっぽどお互いがケアをしないと難しいので、「信頼関係が深ければ深いほど」裏切られたと感じることが増えるようになります（結婚式が豪華であればあるほど、愛し合っていればいるほど、美男美女であればあるほど、理論上裏切られたと感じやすくなります）。

信頼関係が揺らぐ、もしくはなくなると、せっかくそれまで育っていた能力を削いでしまうことになりかねない。**信頼関係というのは、能力を発揮するためにも、非常に大切なもの**なのです。

「約束」でつながると、人は自分の強い意志で動く

「裏切り」というと、反目し合った敵対関係の中で生じたドロドロの状態、みたいなことを想像しがちですが、そんな修羅場の状況ばかりではありません。実際の社会においては、もっと〝小規模な〟裏切りがほとんどではないでしょうか。しかし、小さい分、逆に裏切りと感じることが多いかもしれません。

　裏切った方は「そんなつもりはなかった」「君を傷つけるつもりはなかった」くらいのことで、決して誰かを貶(おとし)めたり、背中から斬りつけたりするようなことではない、何をそんな大げさな、という認識なのですが、裏切られた側としては、「配属先が志望と違った」「働き始めて2年ぐらい経ったら大きな昇給があるよと言われたのに、2年経ってもまだない！」「昔やってくれたことをやってくれなくなった」など、期待に反することが起きたときに、「裏切り」という言葉で攻撃したくなるようです。

　誰かを成長させるためには、お互いの期待がどういうものなのかを明確に定義しておかないと、長期間にわたるパートナーシップというのは組めません。**お互いがずっと成長し続けるには、「長期間」「安定したパートナーシップ」を組むことが大事なの**

で、ちょっとしたズレもないよう、事あるごとにしっかりとすり合わせをしておく必要があります。

だから僕は、スタッフに対しても、生徒さんに対しても、もう本当にしつこく、ほとんど嫌がらせのように「次は何をやるんだっけ？」「今週の目標って何だったっけ？」とコミュニケーションするようにしています。そうすることで、**自分たちが今している行動が何のためのものなのかが、明確に**なります。

たとえばスタッフとコミュニケーションを取って、何をやるのかを確認すると、**ある種の約束**が自動的に生まれます。期待を明確に定義し合ったときに、お互いが約束でつながることになるのです。この**約束は、上の立場の人も、必ず守らないといけません。**

この約束を、ビジネス用語で「コミットメント」と言います。期限内に確実に達成する〝数字の〟約束です。

相手が生徒さんの場合には、坪田塾に求めているものは何なのか、あなたがここでしたいことは何なのか、というヒアリングを徹底的に行います。

ちなみに、僕が初めてお会いする生徒さんに、必ず言うことがあります。

「僕は君たちとの信頼関係を築きたいと思うし、君たちに『成長した』と実感してほしいと思っている。やれば伸びると思っている。でもそのときに一番重要なのは、**相手に対する礼です。礼儀というのは大切だから、まずは面と向かって『よろしくお願いします』という挨拶をお互いするようにしましょう**」

不思議に思うかもしれませんが、これをちゃんと言うだけで、必ず予習をしてくるようになるんです。おそらくそれは、「予習してこないというのは、『相手に礼を尽くす』という観点で見るとどうなんだろう？」と考えるからではないでしょうか。

これは、**僕と生徒さんとの間の約束であり、信頼関係**なんです。

僕は、やれば必ず伸びると思っているので、与えた課題をやってもらいたいと思っています。生徒さんの方は、偏差値を上げて、志望校に受かりたいと思っているでしょう。だとすると、準備不足で塾に来るのは良くないことだ、というシンプルな結論に至るのです。

もうひとつ、言っていることがあります。

それは、「なあなあの関係にならないよう、指導が終わった際には『ありがとうございました』と言うこと」です。

それによって、その後の無駄話もなくなり、時間を有効に使えるようになります。

教育というのは、こういうところが重要だなと思います。

相手を信頼できて、
相手から信頼されていると
感じられるところでなら、
人は存分に
その能力を発揮できる。

正しく考えを共有するには、まず「前提の確認」

人に何かを教える上では「前提の確認」が非常に大切です。前提の確認をしないまま指導してしまうと、どんどんズレが生じてしまうからです。179ページで、折り紙について書いたのを思い出してください。あの仕組みです。

ところで、そもそも〝前提〟というのは何なのでしょうか？

僕らは人に会うと「こんにちは」と言いますね。これも当然ながら「前提」があって発している言葉です。この場合の前提は「日本にいる人のほとんどが日本語でしゃべる」ということで、この前提をお互いが共有しているからこそ、「こんにちは」と言うわけです。しかし、伝わっていると思っているのは自分だけで、実際は伝わっていないとしたら……？

「前提」がちょっとでも違っていたら、その先のコミュニケーションが破綻したり、多少通じてもミス・コミュニケーション（伝達の失敗）が起きることが避けられません。「伝わっていない」のに、30分おしゃべりを続けたら……どんな結果になるか、すぐわかりますよね。

僕の話をしましょう。

僕は研修の際に、よく「ゲーム理論」の話をします。この理論は「社会の仕組みを解き明かしていく画期的な考え方」としてビジネスシーンで使われることも増えているのですが、これを提唱したのは、ジョン・フォン・ノイマンという数学者です。「数学者⁉」「難しそうだ」「まわりくどいんじゃないか」みたいな印象を持つ人もいるかもしれません。もちろん「まったく知らない」という方もいるでしょう。実際、これを根本から理解するのはなかなか難しく、だからこそゲーム理論について書かれた書籍は後を絶ちません。しかし、ゲーム理論は、僕がどうしても伝えたい「結論」に導いてくれるものなので、どうしても皆さんに話したい。

そこで僕は、研修の最初で「ゲーム理論を知っていますか？」と聞くことにしています。これが「前提の確認」です。知らない人がいれば一から説明しますし、知っているということであれば、僕たちはこれを共通言語として、話をぐいぐい先に進めていくことができます。

このように、僕は最初に「前提」を確認します。そして次に必ずタイトルを言います。「今日何を話すのか」について伝えるものが「タイトル」です。

話すときに「タイトルを先に言う」ことのメリット

芸人さんが面白エピソードを披露する『人志松本のすべらない話』という番組があります。芸人さんは話が本当にお上手だなあといつも感心するのですが、なんでこんなに引き込まれるのだろう、と考えてみたのです。

分析してみると、一番最初に「この前ね、そんなこと本当にある⁉ って思った話なんですけど」といった具合に、**聞く人の注意を惹きます。**その上で、「おばあちゃんが電車に乗ってきたんですが、あるわけないやん、というものを持っていたんですよ」みたいな感じで、**その話の〝おとしどころ〟〝メインになるところ〟を早々に言ってしまうのです。**

この場合、「信じられないような話をしますよ」というのが「前提の確認」です。その後にくる、その話の〝おとしどころ〟〝メイン〟――これがつまり「タイトル」です。

「タイトル」を言ってしまってから、話がいよいよスタートします。「朝起きてコーヒーを飲みに行こう、と思って家を出たんです」と始まります。やがて「でね、電車に乗ったんです」なんて話し始めるわけです。ここまで聞くと、「あ、そろそろおばあちゃんが出てくるな、話の山場も近いな」とわかりますよね。

先に**タイトルを言っておくと、聞き手はクライマックスがどのあたりかの予測がつくので**、「ここはまだ導入だな」とか「これは布石かな？」といった具合に、推測しながら話を聞ける。タイトルというのは、すごく重要なのです。

実際、「電車」というワードが出てきただけで、期待してドキドキしますよね。でも、もし重要なポイントがわからなければ、どうでしょう？　どこでドキドキしていいかわからないし、話のポイントを絞れないので、聞いているうちに飽きてしまう可能性もあります。この話の場合も、「電車」がクライマックスのキーワードなのに、もしそれがわからなかったら、せっかく山場が近づいているのに気持ちは盛り上がりません。

タイトルを先に言うというのは、「今日の話の中で、これが重要なドキドキポイントですよ」「この話が出てきたら集中してください」というのを前もって教えているということ。だから、これをあらかじめ言っておくのが、人を夢中にさせるコツなのです。

書籍のタイトルが重要だというのも、同じ理由でしょう。タイトルが良くなくても中身がすばらしいという本もあると思います。でも、「この本には何が書いてあるのか」「自分が得たいことが、この本を読めば得られるのか」といったことがタイトルに提示されていなければ、読みながらポイントを絞っていきにくいのではないでしょうか。そもそもタイトルが良くなければ、購買意欲が湧かないとも言えますが……。

ちなみに、僕の処女作である『ビリギャル』の正式タイトルは『学年ビリのギャルが1年で偏差値を40上げて慶應大学に現役合格した話』です。ネットにこの話を掲載したときの元のタイトルは、「学年ビリだったギャルが1年で偏差値を40上げて日本トップの私立大学慶應大学に現役で合格した話」でした。「慶應大学」がどんな大学か知らない人がいるかもしれないという配慮から、少し多めに修飾語をつけましたが、このタイトル自体はもうそれだけでストーリーを伝えています。

面白かったのは、映画でも本でも「合格すること、、、、がタイトルでわかっている、、、、、、、、、のに、、、、」、そのクライマックスになるとドキドキした」という声が非常に多かったことです。これも、クライマックスが「合格する場面である」というところを明示したことで、徐々に気持ちが高まっていったからなのだと思います。

まったく興味のなさそうなことも、
話し方ひとつで興味を持ってもらえる

そんなことをふまえて、僕が人材育成の研修でどのように話しているのか、流れを説明します。

まずは、「今日はゲーム理論についてお話しします。皆さん、ゲーム理論は知っていますか？」と、タイトルの提示と前提の確認をします。そして、「ゲーム理論は、ジョン・フォン・ノイマンという数学者が提唱した理論ですが、フォン・ノイマンを知っていますか？」と、さらに前提の確認を行います。

「ゲーム理論」という言葉を聞いたことのある人はわりといますが、ジョン・フォン・ノイマンという名前まで知っている人は非常に少ない。そこで、フォン・ノイマンのことを説明するにあたり、僕は、誰もがよく知っている人の名前を使います。

「フォン・ノイマンという数学者は、人類史上最高レベルの天才と言われています。なんとアインシュタイン以上とも言われているんですよ」

こう言うと、聞いている人たちは「そんなにすごい人なんだ」と身を乗り出してきます。そこでさらに続けます。

「ノイマンは、電話帳に書いてある数字をパラパラと見ただけで、そこに書かれたすべての数字を足した答えを出せたそうです。また、今あるコンピュータの基本構成のほとんどは『ノイマン型』と言って、ノイマンが作ったものなんだそうです。しかも彼は、その理論を一気に作ったとか」

　次々に、彼のエピソードを披露します。

「ノイマンは、そうした逸話に事欠かない。人類史上最も頭が良いと言われていて、その変人ぶりから〝火星人〟と言われていたとか、ＩＱが３００もあったとか……」

　ここまで聞けば、「そんな人が作ったゲーム理論って、どんなもの？」と興味が湧きますよね。そこから、僕が話したい方向へ、少しずつ持っていくのです。

「『ゲーム理論』というのは、一般人には理解できない難しい数学なのかと思ってしまうかもしれませんが、実は、人生をより幸せにするための理論です。人類史上最高レベルの天才であるフォン・ノイマンが、『こうした方が、人生うまくいく』と言っているのですから、知っておいた方が得ですよね？」

　こんな具合に、もしかしたらまったく興味を持ってもらえないかもしれない話でも、話し方ひとつで、聞き手の心を動かしていくことができるのです。

人とつながるには
ちゃんと〝伝える〟こと。
コツは、
「前提の共有」と
「いいタイトルをつけること」。

個々が自然と「全体最適」を選べるチームづくり

さて、僕が研修のときに「ゲーム理論」についてどうしても話したいと思うのは、これがわかると〝信頼関係についての本質〟をつかめるからです。

そもそも、信頼関係を築くにはどうしたらいいのか？ ここで、ゲーム理論の中に出てくる「囚人のジレンマ」が活躍します（「ジレンマ」というのは、背反する2つのことの間で板挟みになって、苦しむことです）。

「囚人のジレンマ」についてざっくりと説明しておきましょう。

AとBは同じ犯罪チームに属しています。二人は、ある事件の共犯者ではないかと容疑をかけられて逮捕され、別々の部屋で尋問を受けます。まず前提として、彼らは実際に罪を犯しているのですが、彼らがやったかどうかはまだ確定していません。そして、二人には「自白するか、黙秘するか」の2つの選択肢が与えられています。

二人それぞれに、以下のような条件を等しく与えます（わかりやすくするため、この罪で訴えられた場合、標準は「7年の刑」になるとしましょう）。

1）A、Bともに黙秘した場合、証拠不十分として二人とも「1年の刑」。
2）A、Bともに自白すれば、二人とも「7年の刑」。
3）相手Bが黙秘しているのに、自分Aが自白すれば、Aはごほうびとして「釈放」。しかし、黙秘したBは「10年の刑」（確かに罪を犯したのに隠していたということで重罪）。
4）自分Aは黙秘しているのに、相手Bが自白した。その場合、Bはごほうびとして「釈放」。Aは「10年の刑」（確かに罪を犯したのに隠していたということで重罪）。

この条件を聞いたとき、二人は自白と黙秘、どちらを選ぶでしょうか？

ABともに「相手は絶対自白しない」と信じて、二人とも黙秘すれば、二人そろって刑は軽くなります（この場合は「1年」）。このとき、お互いがお互いを救った、という信頼感も芽生えるでしょう。

しかし、「相手を信じて自分は黙秘したのに、相手が自白していた」ということもありえる。そうなると、自分だけが重罪を科せられることになるが、それだけは避けたい。しかし「釈放」されたいという気持ちがあれば「自白」を考えるのは当然です。

もし結果的に二人とも自白していたら、「7年」という刑になる。ちなみにこうなると、7年という刑罰の苦しみだけでなく、さらに重い気持ちを背負うことになります。「あいつ、自白して俺を重罪に落とし込もうとしたな」という猜疑心に見舞われ、互いの信頼感も失うことになるからです。

いろいろと考えてみると、お互いに黙秘することが、〝二人にとってベストの選択〟のように思いますよね。彼らは、もともと仲間なのですから。しかし、本当に相手は自分を裏切らないだろうか？　裏切る可能性があるんじゃないだろうか？　というジレンマで苦しむことになるでしょう。

ちなみに、このケースにおいては、ほとんどの確率で二人とも仲間を裏切って自白します。というのも、たとえばAさんの立場になって考えてみましょう。Bさんが自分に協調して裏切らなかった場合も、あるいは裏切った場合も、Aさんは裏切った方が刑罰が少なくなるからです。Bさんが自白した場合は、もしAさんが協調して黙秘したら自分は10年の刑罰になります。Bさんが協調して黙秘した場合は、Aさんが自白すれば0年になるのです。「自分の利益」を考えたら、「裏切る」というのが最適になり、当然Bさんもそうなるので、「両方とも裏切る」という選択を取り、7年の刑罰を被ることになります（相手を信頼して協調すれば1年で済むのに！）。

人間というのは、短期間で何とかなりそうなもの、手に入れられそうなものを得ようとする傾向があります。この例で言えば、「自分だけが釈放されることを考える＝自白する」という選択をしがちです。しかしそうすると**「全体最適（＝システムや組織の全体が最適化された状態）」**にはなりません。

「囚人のジレンマ」は、自分さえ良ければいいという考えで個人が自分の利益のみを追求している限り、「全体で見たときの合理的な選択＝全体最適」にはたどり着かない、という可能性について論じたものです。

ここで「囚人」という括りを、はずしてみましょう。

チームのパフォーマンスを上げるためには、「全体にとって最適なこと」を選択する能力が求められます。それには「信頼関係」が必須であり、**その信頼関係を継続しなければなりません。**

そのためには、**「自分にとっては短期的に得かもしれないという選択肢は捨てて、全体最適のために、お互いのことを考え、協調すること」**を考えるべきなのです。

僕はまずスタッフに、囚人のジレンマの話をして、それから自分たちの目的や、向

かうべきところについて話します。そして、

「その目的のために、僕はスタッフに全幅の信頼を置く」

と伝えます。すると、スタッフは「自分の利益を優先する」という考えを捨てます。自分の利益を優先すると、僕が損をしてしまう可能性が出てくる。僕が損をする＝会社が立ち行かなくなるわけです。

　こうして信頼関係が生まれてくるわけですが、この**「信頼」こそが、相手の才能を伸ばすための、いろんな意味でのスタートになる**と思っています。

必ず、能力は伸びるし、人材は育つ

スタッフでも、塾生でも同じです。

まずは現実になってほしいことを言葉にする。

言葉にして、その言葉を何度もアウトプットして、それによって感情を動かす。

「歩むべき大切で正しい道（大義）」を定め、目的を明確化する。

同じ目的に向かって進むための信頼関係を作る。

――これをやれば、必ず能力は伸びるし、人材も育ちます。

僕が採用した、Aさんにしろ、Bさんにしろ、別の社員にしろ、みんなその能力を「才能」に変え、大いにその才能を伸ばしました。「普通の会社では評価されにくい人材」だったと思います。しかし「変わっている」というのは、別の見方をすれば他の人より「尖り」があるということ。

「尖り」は、才能の芽そのものです。

組織で扱いやすい人でなく、尖りのある人たちを採用し、彼らの能力を徹底的に花開かせたかった。言葉にすることでビジョンを共有し、信頼関係を築きました。結果的に、彼らは大きく花開きました。

ここからさらに、個人をより伸ばしていく「フィードバック」についても触れていきます。

個人の能力を伸ばすにも
チームのパフォーマンスを上げるにも
大切なのは「信頼関係」。

人は「フィードバックされる」と、より良くなろうとする性質がある

信頼関係ができたら、そこから先で大事になってくるのは「フィードバック」です。

しかし多くの人はフィードバックのやり方を間違えています。

ところで、世の中で最も〝フィードバックしてくるもの〟って、何だかわかりますか？

それは、鏡です。こちらが動けば、鏡の中の自分も一緒に動く。「自分が今どういう状況か」というのを、鏡ほど、常時フィードバックしてくれるものはありません。

鏡を見たときに顔にゴミがついていることに気づけば、取りますよね？　化粧するときも、アイラインが曲がらないようにとか、口紅がはみ出さないようにとか、鏡からのフィードバックを元に微調整しますし、ひげを剃るときも髪をセットするときも、常時〝鏡のフィードバック〟を受けて、整えますよね。

そもそも、どうして人は鏡を見るのでしょうか？

よりきれいになるため、よりカッコよくなるためでしょう。その証拠に、ほとんどの人が自分の顔を鏡で見るとき、「自分が好きな表情」や「キメ顔」をするはずです。朝、顔を洗った後、メイクした後、髪のセットが終わった後、鏡を見て「よし!」と心の中で言ってから出かけるのではないでしょうか。

鏡を見ると、「良くしたい」ポイントが見つかります。そこから「良くなった結果」も確認できるのが、鏡というものです。ひとつひとつ「確認しながらより良く修正していく」のが、鏡のフィードバックを受けたときにする、人間の行動なのです。

これが何を意味しているか――。

人間は、フィードバックを受けると、より良くなろうとする生き物だ、ということです。

逆に、誰も何もフィードバックをしてくれないと、本人は気づかないから、何もしないし動きません。当然きれいになろうともしませんし、顔についたゴミにも気づきませんから、つけたままです。

ここでちょっと想像してみてください。鏡が意思を持っていて、あなたが鏡を見るたびに「今日の髪型は決まってないね」「年取ったね」「目尻のシワが深くなってきたね」「最近太った？」と、マイナスな点ばかり話しかけてくるとしたら……。反省して、良くなろうと思いますか？　落ち込んで終わってしまったり、うるさいなあ、腹が立つなあと思ったりするだけではないでしょうか。

もしあなたが**「そんなことを言われるのはウザい」「腹が立つに決まっている」と思ったとしたら、そのフィードバックは間違ったフィードバックである証拠**です。改善する意欲を失わせているのですから。

でも**ほとんどの人が、人に対して、この〝間違ったフィードバック〟をやってしまっている**のです。

フィードバックは客観的な〝事実のみ〟を言うだけでOK

実際に鏡が行っているフィードバックは、「良い／悪い」の判断ではありません。**単なる客観的なフィードバック**です。

髪型がイマイチ決まっていないと決めるのは、鏡でそれを見ている自分です。鏡を見て、「太ったのは最近怠けてジムへ行ってなかったからだ」「化粧ノリが悪いのは寝不足のせいだ」「目尻のシワはよく笑う証拠だ」と思ったとしても、それは、鏡を見てあなた自身がそう思っただけ、のことです。

たとえば、子どもが勉強する姿勢がとても悪く、机に前かがみになりすぎているとしたら、どう声をかけますか？

多くの親御さんは「姿勢が悪い！　目も悪くなるわよ！」みたいに言うでしょう。人によっては、「背中を丸めていると、背が伸びなくなるわよ！」みたいな根拠のないことまで言ったりもします。

ところで、ちょっと冷静になって考えてみてください。子どもの姿勢が悪いとき、子どもにやってもらいたいのは「背筋を伸ばす」ということだけではないですか？　目が悪くなるとか背が伸びないとかは、今してほしいこととは関係ないはずです。

このときに一番いいフィードバックのやり方は「背筋が曲がってるね」と言うだけ。**プラスの意図もなく、マイナスの意図もなく、ただ事実のみを言うのです。**

あるいは、理想としては、その姿をスマホなどで写真に撮り、それをただ「見せるだけ」でも良いぐらいです。そうすると不思議に、みんな勝手に背筋を伸ばすものです。

ちょっと言ってみてください。この言い方をされてさらに前かがみになる人っていないもの。**何かを直すときに「〇〇しろ」と命令する必要はないのです。**

授業や面談をしているとき、ぼーっとしている生徒さんがいます。普通の学校の先生だったら「何ぼーっとしているんだ！　ちゃんと先生の話を聞きなさい！」と叱るところでしょう。僕の場合、そんなときは**「今、何考えてるの？」と聞きます。**すると生徒さんは「今○○について考えていました」みたいに答えてくれます。それ以上僕が何も言わないと、自ら勉強し始めたり、こちらの話を聞こうという姿勢を見せてくれたりするものです。

人は「自分が正しいと思っている価値観」に支配されている

現代の日本人は、客観的な言葉の中にも、相手からの期待を感じ取ってしまっています。そして、「自分はその期待通りに動かないといけないんだ」と思ってしまうような思考回路になっている。

どういうことか、少し例を挙げましょう。

板書や先生の言っていることをものすごい速さで書き留めている生徒さんに、「字を書くのがすごく速いね」と言ったとしましょう。そうすると、言われた生徒さんはどう答えると思いますか？　「いや、でも字が汚いんですよ」なんて言ったりします。僕はそんなことは、ひとことも言っていません。なのに、その子は「字はきれいに書かなきゃいけない。速いだけじゃダメなんだ」と思ってしまっている。

どうしてそうなってしまうのでしょうか？　それは、現代人の多くが、何かフィードバックを受けた瞬間に「より良くなろうとする」からです。

顔が汚れていても、鼻毛がボーボーでも、別に誰かに迷惑をかけているわけではないですよね。でもなぜか「身だしなみはきれいじゃないといけない」とみんな思い込んでいる。だから鏡からフィードバックを受けたら顔の汚れは落とすし、鼻毛も切る。ところがずっと一人でいて、鏡も見ることがなければ、気づくチャンスはありませんから、そのまま放っておくでしょう。別にそれで困るようなことはないからです。

ところが、〝気づいたら〟、つまり〝フィードバックを受けた瞬間〟に、「直さなくちゃ」と思う。「自分が正しいと信じている価値観」に合わせて、身だしなみがきれいじゃない自分を恥ずかしいと感じて、直そうとしてしまうのです。

人はフィードバックされることに弱い生き物です。何かしらのフィードバックを受けると、自分の半生を思い出して、人と比較してしまうことも多々あります。後悔しない人なんていませんから、思い出しながら、大いに後悔をすることになります。

テレビで天才少年を見れば、もっと勉強しておけば良かったと思うし、美しいモデルさんを見れば、小さいときからダイエットをしておけば良かったと思ってしまう。そんなこと**誰も言っていないのに、「もっと良くならないと」と、勝手に自分の半生をフィードバックしてしまう**のです。

部下の才能を伸ばすのが「中立的なフィードバック」

上司が部下の才能を伸ばすための、一番簡単な方法とは何でしょうか？

それは**「中立的なフィードバックを、ただひたすらすること」**です。

「中立的」とは、フィードバックにあたって、自分の価値観を挟まないことです。**自分の価値観を入れずにフィードバックを続けると、部下がもともと持っている「自分が正しいと信じている価値観」の通りの姿になっていきます。**すなわち、部下自身が抱いている理想の姿です。

社員の締めているネクタイを見て、「その色きれいじゃないね」とか「青の方が似合うんじゃない？」などと言ったとしましょう。言われた部下は、「言われた色にしないといけない」と思ってしまうかもしれないし、あるいは「いや私はこの色が好きだからいいんです」と反発するかもしれない。**否定したり、自分の意見や価値観を押しつけると、合わないと感じた人は離れていってしまいます。**

子どもに対しても同じです。「どうして勉強しないの?」「どうして言った通りにしないの?」と言うのは、相手をコントロールするのと同じことです。コントロールされることに気持ちよさを覚えることは、あまりないはずです。

言うべきことは、「今日は1時間勉強したね」「〇〇を覚えたね」「〇〇は間違えやすいね」という客観的で中立的なフィードバックです。

会社であれば、「今日も笑顔ですね」「いつも頑張ってるね」「今日は白いシャツなんですね」「今日はこれから社長が来るけど、君は一番上座に座っているんだね」といった具合です。

もちろん、どうしても叱らないといけない場面もあります。

たとえば、頼んでいた書類を元に打合せをすることになっていたけれど、約束の時間になっても一向に部下から書類が上がってくる気配がない。あなたはイライラし始めます。そこへ部下が別件で何かを聞きに来ました。そんなときに言ってしまうのは、「どうして、約束通りに仕事をしていないんだ?」というような言葉ではないでしょうか？

この場合も中立的なフィードバックをするといいのです。「予定していた打合せのスタート時間は？」と尋ねる。これは中立的フィードバックです。しかもこの質問のいいところは、**事実だけを聞いて、相手に答えさせる**ところです。

上司⇕部下、発注者⇕受注者といった関係性を見たとき、上司や発注者の方が力関係としては強くなります。部下や受注者がミスをした場合、それに対してつい威圧的な態度を取ってしまいがちなのですが、そうやって叱っても、相手は萎縮（いしゅく）するだけですし、それによって本来の力を発揮することができなくなる可能性が大きい。**威圧的に自分の価値観や感情をぶつけても、何ひとつメリットがありません。**

この場合、スケジュールが心配なのであれば、自分の方から前日までに確認をしておけばいいだけの話です。もし遅れてしまったのであれば、いつできるのかを確認して、スケジュールをすぐに組み直す。ズレはその場ですぐに修正する。遅れてしまったことは、どんなに怒ったところで変えることはできません。ですから建設的に物事を進める方を選ぶのがいいのです。

人の才能を伸ばすのが上手な人ほど、
主観的な意見を言わず、
ただ事実のみを根気強く言う。

「メタ認知」ができると、四方八方へと能力が伸びていく

人間はひとりひとり、成長過程も、重ねてきた経験も、違っています。当然ながら、人それぞれにズレがありますから、否定をせず、客観的で中立なフィードバックをしていきさえすれば、人は勝手に成長するものです。

実は、**成長の一番の近道は「フィードバックされた側が自分で気づくこと」**です。自分で気づけば、**自発的に問題を見つける力**がついていきます。

客観的なフィードバックをずっと受け続けていると、先生がいない状態、上司がいない状態でも、常に〝鏡〟を見ている状態になれます。

これがいわば「メタ認知」と呼ばれるものです。

メタ認知の能力が身につくと、能力が四方八方へ伸びていきます。そしてこの能力が尖っていくと「才能」になるのです。

もうちょっと科学的な話でご説明しましょう。

「自分がどのような認知をしているかを認知する」ということがメタ認知です。

「触覚」も認知のひとつです。今この本を読んでいる人がイスに座っていたとすると、

腿の裏側がイスに接していて、そこに体重が乗っていますよね。

では、ここで質問です。今「腿の裏側に体重が乗っている」と指摘されましたが、指摘されなくてもそのことを認知していたという人はどのくらいいますか？　たぶん、ほとんどいないと思います。座っている限り、常に腿に体重が乗っていたはずなのに、指摘されて意識を向けて初めて「ああ、座面に腿の裏側が接地している、そこに体重も乗っている」と気づくのです。

つまり、あなたが「今、認知したこと」は、それまで「認知できていなかった」ということ。本当は認知していたはずなのに。

メタ認知というのは、「常に認知している」ことを意識して、初めてできるものなのです。

メタ認知について話されるとき、「カメラが後ろにあって、自分がどういう状態かをそのカメラ越しに見る」みたいな言い方をされることがよくあります。**今、自分の認知はどういう状況なのかを認知する。客観視する。**それによって、**自分で自分自身にフィードバックできるようになる**のです。

自分にも自分でフィードバックすれば、劇的に変わる

自分で自分に、小さなことでイライラすることがありますよね。

スリッパを脱いで、次に履こうと思ったときに、自分が思ってもみない場所にあったりしたときに「チッ！」と思ってしまったりすることも、誰にでもあるでしょう。どうしてこんなふうに思ってしまうのでしょうか？

それは「今の自分が正しいから」です。15秒前の自分よりも、1時間前の自分よりも、昨日よりも、去年よりも、人は、「今の自分の方が正しい」のです。

そう意識していない人がほとんどだと思いますが、**多くの人は「自分が正しい」と思って生きています。**「変化が大事」「今までと違うことをやろう」なんてことをよく言いますが、心の底では本当は、そんなことはしたくないと思っている人の方が多いのです。できれば、今の自分のやり方を変えたくない。それが「人」です。

そういうこともありますから、そもそも**人に対して指導というものはできない、しない方がいい**のです。指導をするということをやめて、**とにかくフィードバックすることに徹する**こと。そして、**本人に自力で気づいてもらうようにするしかない**のです。

では、フィードバックしてもらえない、自分一人の場合はどうしたらいいでしょう？
さきほどの「スリッパがない」というとき、イラッとしたらどうすべきか。
そのときは、「自分は今イラッとしている」と自覚をして、その状況を自分で実況中継してみてください。そうすると、自分を客観的に見られるようになり、メタ認知ができるようになります。

これは「アンガーマネジメント（怒りを予防したり制御したりするスキルのこと）」にもかかわってくることですが、人間の怒りは6秒間しか持続しないんだそうです。そのため、怒りを覚えたら6秒数えましょうと推奨されるのですが、実際にイラッとしたときに「1・2・3……」なんて数えるのは無理ですよね。だから僕は、これまでに最も腹が立った出来事は何か、絶対に許せないことは何かを考えておいてそれを「10」として、まったく怒る必要のない他愛もないことを「0」とした場合に、今回のスリッパの件はどのくらいの数値になるか？　を考えてみます。たぶん「1」程度なんですよね（笑）。

人間は、〝そのとき〟や〝直前の環境〟などで感情の揺れが起きますから、あえて「過去最大の怒り」というのを考えることで、〝比較する時間軸〟を大きく取るのです。すると、〝ここ数日では最大級に腹が立ったり、怒りが連続したりすること〟であっても、「そうでもないなあ」と思えるようになることがほとんどです。そんなちょっとしたことで怒りを発露したら、いろんな人との関係性を悪くする可能性が出てしまいますが、それがなくなるわけです。

明日の仕事の準備をしないといけないのに、ソファに横になったままテレビを見て、「やらないといけない」と思ってはいるのに動く気にならない。そんなときは、「私は今ソファに横になりながら、3時間もテレビを見ている。こんなことじゃダメだ。明日の準備をしないと翌朝慌てることになる」みたいな感じで、今の自分の状況を自分で自分にフィードバックするのです。「ゴミ捨てをしないといけないと思ってるのに、サボっていたらこんなに溜まってしまった」と実況中継すれば、「じゃあ捨てに行こう」となるわけです。ちなみに、このときある工夫をすると効果的です。「さあ、やるべきことがわかった今、自分はいったい何秒で『行動』を始めるだろうか？　1・2・3……」とやり始めると、面白いほどすぐ行動できるようになりますよ。

そんな簡単なことで？　と思うかもしれませんが、効果テキメンです。とにかく、**自分で自分を動かすためには、何でも自分で自分の実況中継をしてください。**

実況中継によって自分をメタ認知することで「私は今これを気にしているんだな」ということに気づけるようになるのです。

人を「ポジティブな思考」に変える実況中継

誰かを実況中継することは、「中立的なフィードバック」にもなります。

勉強しないで、子どもがずっとテレビを見ていたら、「テレビなんて見ていないで、勉強しなさい！」と言うのが、普通の親御さんでしょう。

それを実況中継に変えてみてください。「(あなたは) 3時間、ソファで横になってバラエティ番組を見ているね」と言ってみる。ただし、皮肉っぽく言ってはいけません。子どもの行動、事実を淡々と描写すると、それは嫌味でもお小言でもないので、実は反論のしようがなくなるのです。「勉強しなさいよ」とも「電気代が無駄だから消しなさい」とも言わないけれど、子どもからすると、自分の行動を冷静に把握できるようになり、自発的な気持ちが芽生えて、じゃあ勉強しようか、ともなるものです。

相手のメタ認知を養うために、実況中継を、大いにしてください。

会社でも、部下に実況中継をさせることです。といっても、すぐにはできないかもしれません。であれば、上司自ら、部下の実況中継をしてあげてみてください。自分のことを実況中継されると、自分で自分をどう実況中継すればいいのかわかるようになります。

不思議に思うかもしれませんが、**自分の実況中継ができるようになると、人はポジティブな方向へ思考が変わるようになります。**

ちなみにこれの良い練習方法の例として、「今いる場所の最寄りの駅から自宅までを、言葉で実況中継する」というのがあります。自分は違う場所にいながら、普段よく見ている場所の風景や情景を想像して、それを言語化して、誰かに説明をする……。これを強制的にやります。

「ポジティブ・シンキング」という言葉が、ビジネスの現場でもよく使われますが、ここでいう「ポジティブな方向への思考」というのは、同じ「ポジティブ」でも意味が少し違います。「ポジティブ・シンキング」の場合の「ポジティブ」は「いい方へ考える」みたいなことかと思います。ですが、僕が「実況中継によって、ポジティブな方向へ思考が変わる」と言っているときの「ポジティブ」は、英語の〝positive〟が本来持っている意味合いです。

「明確な、はっきりした、自信がある、確信している、まったくの、完全な、積極的な、建設的な」ということ。

ひとことで言うと**「成長する方向へ行く」**というニュアンスです。

「客観視」できるようになると
ポジティブになれる。

マイナスの言葉ばかり投げていると自分も疲弊する

認知においてもそうですが、人間の脳はすごく面白い。実は私たちの脳は、自分が言っていることの「主語」について、あまり認識していないのです。

「お前は、ほんとにバカだな」

「この野郎、ナメんなよ！」

こういう言葉というのは、言われるといやな気持ちになる言葉ですが、言っている側もいやな気持ちになるものです。これは脳の認識のせいです。「お前は」「この野郎」という主語があるにもかかわらず、それを脳が認識せずに「バカだ」「ナメられている」という述語だけを認識してしまうのが原因なのです。これはつまり、「バカだな」「ナメんなよ」という言葉を、相手に対してだけでなく、自分で自分に対しても言っているのと同じこと。

相手を非難するマイナスの言葉やネガティブな言葉は、相手に対して大きなストレスをかけるものですが、これは同時に、自分のストレスにもなっていたのです。

フィードバックをしているときも同じです。**怒りやマイナスの感情ばかりを相手に**

ぶつけていると、自分も疲弊してしまうことになります。

そんなわけですから、**人に対しては基本的にポジティブな言葉だけを口にした方がいい。**そうすると自分も相手もストレスを感じなくなる。**他人を傷つけないようにすると、自分のことも傷つけなくなる**ものです。

教育・指導・改善は、実は「悪感情」を生んでいる

教育や指導というのは、知らないことや間違っていること、こうした方がより良くなる、ということをひとつひとつ指摘して、相手を導いていくもの。すなわち、教える側と教えられる側がいて、成り立っているものです。

ところがこれ、自分が一人で行動する場合も同じ構造になっているのです。

たとえば、今からノートを机の上に置くから、スペースを空けるために机の上に載っている本や筆箱をどかすとしましょう。これは「教育・指導」しているわけではありませんが、「改善」をしています。ノートを置くには机の上をどうしたらいいかを、自分に問いかけて、スペースを作るという行動に移ったわけです。

「教育」や「指導」の場合は、二人以上そこに登場人物がいて、「改善」の場合は自

分一人になりますが、本質的には同じことをしています。

さて、教育・指導・改善を受けると、〝心に必ず生じるもの〟があります。あなたには、それが何かわかりますか？

「何が生じると思いますか？」と僕はこれまでに何度も教育・指導する側の人に聞いてきました。多くの場合、「感謝ではないでしょうか」みたいな言葉が返ってきます。先生の立場としては「教えていただき、ありがとうございます」と思われたいということなんでしょうけれども、実はこれ、まったく反対です！

心理的な面から説明しますと、**教育・指導・改善を受けると、教育・指導・改善をしてきた相手に対して「悪感情」が芽生える**のです。

意外に思われるかもしれませんが、次のように考えてもらえばわかりやすいと思います。

いつも自分が行くスーパーマーケットに行ったとしましょう。そのスーパーマーケットには大きな駐車場があって、あなたはいつも、自分の家から一番近い出入口を使うのがルーティンです。もうひとつの出入口は反対側にあって、かなり遠回りになるのでほとんど使いません。

しかしスーパーマーケットへ行って、いつもの出入口から入ろうとすると、警備員が飛んできて、「工事中で今日はこの出入口は使えないので、反対側に回ってください」と言われてしまいました。これは警備員さんによる「指導」です。この指導をされると、いい気持ちがしない人が多いのではないでしょうか？　不満に思ったり、イラッとしたりしませんか？

しかし冷静に考えてみてください。もしこの警備員に〝指導〟されなかったら、知らずに行って、工事中の穴に落ちていたかもしれないし、お気に入りの洋服に塗りたてのペンキがついてしまったかもしれません。そうなってはいけないから、警備員が指導してくれたのです。それなのにあなたは、イラッとしてしまった。なぜでしょうか？

実は、**教育・指導・改善をするとき、またフィードバックをするとき、相手との信頼関係がないと、受けた方は「攻撃されている」と感じてしまう**からです。

これまでにも「信頼関係」の大切さについて、何度も述べてきましたが、信頼関係が必要な理由は、こんなことにもあるのです。

「指導する側」と「指導される側」はいつも大きくズレている

間違いを指摘して正しく導くことが「指導」ですが、別の見方をすれば、これは自分のやり方や存在を否定されていることと同じです。指導されるというのは、これまでの自分の行動を阻害されたということになる。相手と自分の間には、もともと大きなズレがあります。だからこそ、指導されると必ず悪感情が芽生えることになるわけです。

逆に、指導する側は「自分はいいことをしている、感謝しなさい」と思っている場合がほとんどです。しかし、教えられている方はイラッとしているわけですから、そんな状態で感謝をするなんて、よほど変わっていないと無理でしょう！

だから部下が「あの上司、ムカつく」という感情を抱くのは、社会的に見たらデフォルトです。自分はこうしようと思っていたのに、「違う」「こうしろ」と言われるのですから、ムカついて当然。そういうこともふまえて、**「主観を持ったフィードバックや指導というのは、絶対やめた方がいい」**と僕は言っています。単純に関係性が悪くなるだけです。

指導というのは「してやればしてやるほど」悪感情が溜まっていくもの。言うことをよく聞くと思っていた部下や、長年仕えてきた人が突然反旗を翻すなんて話はたびたびありますが、そんなとき、裏切られた側の上司や師匠などは、必ず「裏切られた」「俺が目をかけて育ててやったのに」と言います。

目をかけて指導することで成長することも、もちろんあります。しかし、成長と引き換えに悪感情を蓄積している可能性も、とても高いのです。ところが上司というものは、全部自分が教えてやった、いいことをしたんだ、と思っていますから、反発されるだけで「使い物にならなかったお前を育てたのは誰なんだ?」みたいなことを言ってしまう。人を育ててきた実績もあるトッププレイヤーの人ですら、そうなってしまうのです。

指導する側は「指導してやっている」と、絶対に思わないようにしなければなりません。目をかけて育てた部下が「独立する」となったときにこそ、「裏切られた」ではなく、「喜ぶ」ことができるようになれば、より優秀な人たちが集まってきます。リクルートはまさにそれで伸びている会社なのです。

「してやる」という感情での指導は、
人間関係も、相手の感情も悪化させ、
能力も伸びない。

〝言葉そのもの〟は、あなたの思いを伝える役目を果たしていない

人間というのは、言語だけでコミュニケーションを行っているわけではありません。実は言語以外の**〝非言語〟の部分でのコミュニケーションの影響がとても大きい**のです。

アメリカの心理学者アルバート・メラビアンは、矛盾したメッセージを発せられたときの人の受け止め方について、人間の行動が他人にどのような影響を及ぼすかを実験しました。簡単に言うと、人間がどうやって相手から〝情報〟を得ているのかについての研究をしています。

彼が提唱した「メラビアンの法則」によると、人が相手の情報を得る際に影響されているのは、**「言語情報（＝言葉そのもの）」からが7％、「聴覚情報（＝怒っているとか甘えているといった声のトーン）」からが38％、「視覚情報（＝表情などのボディランゲージ）」からが55％なんだそうです。ボディランゲージが半分以上で**す。

もし、ブスッとした表情で「君、めっちゃカワイイね」と言われたとしたら、「この人は本心でカワイイと言っている」とは思えないですよね。もしかすると、本当にカワイイと思って言ったのかもしれません。なのにそう思えないのは、人が情報を得るときには、知らず知らずのうちに、相手の表情や声のトーン、身振り手振りに影響されているからなのです。

心理学では、「発した言葉」と「トーン、表情、声量、仕草」などが一致していることを「コングルーエンシー」と言います。この**コングルーエンシーが一致していないと、言葉は伝わらない**、とされています。

そこで僕は、本当にそうなのかを知りたくて、社員研修で実験してみました。

研修が終わったところで、投げやりな感じで「今日は、来てくださってー、どうもありがとうございましたっ」と言ってみたのです。そうするとみんなびっくりしていました（そりゃそうですよね！）。その後に、「さきほどの言葉は、僕としては100%感謝の言葉として言ったんですよ」と説明したのですが、そこにいたほとんどの人は「そうは思えませんでした」と言っていました。まさに、コングルーエンシーが一致していないことが、はっきり結果になって現れたのです。

普段私たちは、ものを伝えるときには「言語次第だ」「言葉が最強だ」と思い込んでいないでしょうか。

ところが、実際はそうではありません。たとえばミス・コミュニケーション（伝達の失敗）が起きたとき、「自分はこういう意味でこの言葉を言ったのに、伝わらなかった」みたいに言いますよね。正しく言葉を使ったつもりなのに、相手には伝わっていない――ということが起こるわけです。

これはつまり、**〝言葉そのもの〟は、あなたの思いを伝える役目を果たしていない、**ということです。しかも、こういうことが、実際はとても多いのです。

言った後に笑顔を見せると、言葉を超えて人の心を掌握できる

ミス・コミュニケーションのわかりやすい例と言えば「親子ゲンカ」ですね。テストで悪い点を取った、大事なお皿を割ってしまった……いろんなことがきっかけでケンカになると思いますが、ついつい親御さんはくどくどとお小言を言ってしまうもの。ああでもないこうでもないと否定され続けると、子どもは反省しているにもかかわらず、だんだんとふてくされてしまいます。ついには謝罪の言葉まで要求され

てしまうのですから。

　こんな展開、皆さんの記憶にもあるのではないでしょうか。

「そういうときはなんて言うの？」

「（そっぽを向いて）……ごめん」

「なんなの、その言い方！　ちゃんと謝りなさい！」

「ごめんって言っただろ、うるさいな！」

　ありがちな展開です。こういうケンカは、結局お互い譲らずに平行線を辿り、この後さらにひと悶着(もんちゃく)あったりもします。

　子どもとしては、〝言葉で〟謝罪はしている。でも〝非言語の部分で〟の謝罪の意思がまったく伝えられていない。すなわちコングルーエンシーが一致していない状態だから、親としては許すことができず、「そこも含めて謝りなさい」ということになってしまう。

　仕事上での上司と部下、取引先との関係でも、こういうことは起こります。自分が言ったことが正しく相手に伝わっていなかった、言った意味が正確に伝わっていなかったためにミスが起こる。お互いに「こちらはちゃんとしたのに」という気持ちがあるから、できた溝が埋まらない……。

ここで、コミュニケーションの前提について断言しましょう。

コミュニケーションというのは、「〝自分が何を言ったか〟ではなく、〝相手にそれがどう伝わったか〟がすべて」です。

僕は、お笑い芸人の有吉弘行さんのコミュニケーション力がすごいと思っています。

有吉さんの魅力のひとつが〝毒舌〟。人に変なあだ名をつけたり、〝悪口〟っぽいことを言ったりしますよね。なかなか濃い〝毒〟を吐くこともありますが、不思議と嫌われません。それどころか、有吉さんの場合、悪口は愛情表現のひとつであるとみんなが認知しています。

なぜそんなトリッキーなことが成り立っているのか？　それは、有吉さんが毒舌の後に必ず「笑う」からだと思うのです。

僕はこれを「有吉さんの法則」と名付けています。有吉さんは言葉を発した後、「〝声を上げて笑う〟という聴覚情報」と「〝笑顔〟という視覚情報」を出しているのです。さきほどの話で言えば、有吉さんは、「笑い声」と「笑顔」で、相手に対して好意的なフィードバックをしているのです。

毒舌の後に有吉さんが笑うのは、決して自分で言ったことにウケているわけではないと思うのです。ご本人がどう考えているかは想像しかできませんが、**結果的には“相手に対して笑顔を送る”という行動になっている。**どんな言葉を言ったとしても**「これはあなたへのプラスなメッセージですよ」ということを、その直後に笑うことで伝えている。**そのメッセージは、毒を吐かれた相手にも、視聴者にも、伝わります。だから好感度が下がらない。

もちろんこれは、有吉さんにお聞きしたわけではありません。有吉さんが愛される理由を、僕なりに分析した結論です。

そういえば『ビリギャル』のさやかちゃんも、最初に僕と会ったときに、「坪田先生はよく褒めて、笑って、いろんな話をして、真剣に話を聞いてくれた」と言っていました。そこから、さやかちゃんが僕に心を開いて、勉強も頑張るようになったのです。もちろん僕は、「笑う」ことを人よりも意識しているとは思います。と言っても僕は結構「ゲラ」なので、何でもすぐに笑ってしまうんですけどね。

コミュニケーションとは、
「自分が何を言ったか」でなく
「相手にどう伝わったか」だ。

より効果的なタイプ別フィードバック

「フィードバック」について、もう少し深めてみましょう。

フィードバックをするとき、それぞれの「タイプ」に合った言い方をすれば、もちろん効率的に伸びると思います。ですが、**基本的には「中立的で客観的なフィードバック」ができれば大丈夫**です。フィードバックをどう活かすかは、フィードバックを受けた本人が自力で見出し、自分で身につけていければ、それが一番近道ですから。

『人間は9タイプ』という本の中でも書いているのですが、僕は、人間をタイプに分けると全部で70億タイプあると思っています。すべての人、ひとりひとりが違うからです。

もちろん、「方向性」みたいなものでざっくり分けることはできます。寒いところに住んでいる人、風の強いところに住んでいる人、日の長いところに住んでいる人、といったような。そんな感じで僕は、人を大まかに9タイプに分けました。

「完璧主義者タイプ」「献身家タイプ」「達成者タイプ」「芸術家タイプ」「研究者タイ

プ」「堅実家タイプ」「楽天家タイプ」「統率者タイプ」「調停者タイプ」の9タイプです。こうして〝大まかなタイプ〟を決めることで、その人にどう対応したらいいかがわかってきます。

それぞれのタイプには、それぞれの「プラス面＝長所」があります。「このタイプは何をどう言われたら嬉しいと思うのか」ということが把握できると、「その人のプラス面を大いに伸ばしていく」ためにはどんなふうに声をかけたらいいのかがわかります（詳しくは『人間は9タイプ』シリーズをお読みください）。

もうひとつ、このタイプ分けのいいところは、そのタイプの人が嫌うことや向いていないことが把握できるところです。僕は、**その人がしたがらないこと、その人に向いていないことは強制しないことが大切**だと思っています（もちろんその部分を直さないと能力が成長しない場合は、腹を決め、慎重な対処をなさってください）。

こうして、その人のプラス面を把握し、マイナスに感じることを理解できれば、言い方を変えたり、難易度を合わせたり、言うタイミングを図ったりすることで、より効果的なフィードバックができるはずです。

ただし、**相手の欠点を指摘したり、追い詰めたり、蔑むような物言いは、タイプに関係なく絶対にNG**です。「なぜ、あなたはこれをやらなかったのか」といった原因探しをして追いつめるのではなく、「次はこんなこともしてみましょう」と相手の行動を〝追加〟したり、「これはしなくてもいいでしょう」と〝削除〟したり……といったことをしていくべきなのです。これは「行動療法的指導」と言われるものです。

これからの日本は、人口が減っていく時代です。たくさんの人をふるいにかけて、**優秀な人材だけを残そうという考え方は時代遅れ**です。全体的に底上げをするような方向で人材を育てると、みんなが能力を発揮するようになりますし、そうした人材育成をしていると、そういう現場に新たな優秀な人材が入ってくるようになります。そういうチームや会社は、どんどん好転していくことになるでしょう。

あらためて言います。

人との向き合い方の基本は「フィードバック」。そして「信頼関係」を築くこと。これをきちんとしていけば、あなたのもとで、その人の才能は勝手に開花していきます。

「個人」よりも「チーム」が絶対的に強い理由

僕が、組織として優秀な人材を増やしたいと思うのは、**チームになったときに、人**

は能力をより大きく発揮しやすいし、チームであることで、個人も成長しやすいと考えているからです。

たとえば、会社員から独立するとき、「これまで会社の看板で仕事をしてきた」という現実を突きつけられます。そもそも組織とは「属人ではない」というのがポイントだからです。血液を全身に送り込むために心臓がありますが、この心臓ひとつを見てもわかります。血を送るという目的を達成するために、各「細胞」が集まって「組織」を作り、それがさらに集まって「器官」となっていますよね。会社やチームなども同じことなのです。

目的を達成するための活動を、なぜ、「細胞」が単体で行わないのでしょうか。そこには「保険」や「相互扶助」の意味合いがあります。ひとつの細胞が、単体で大きな機能を持ってしまうと、何かの事故で死んでしまえば、全体が死ぬことになります。また、「単体」が怪我（けが）や病気になってしまったときでも、周囲が助けることで、ゆっくり休むことだってできます。

何かしらの「チーム」で働いていた人が、そこから出ると、その瞬間から、ありとあらゆることを〝自分で〟やる必要が出てきます。たとえば、営業の電話をかけたり、メールの返信をしたり、付き合いをしたり、企画を立案したり、それをパワーポイントに落としたり、経理事務を行ったり、銀行との交渉をしたり、取引先の信用調査をしたり……数えればきりがありません。

最終的に、一人でそれを全部やろうとしても、できなかったりするでしょう。もしできたとしても、小さなアクシデントひとつで、すべてのスケジュールが滞ったりすることもありえます。**結局、一人でやると、生産性が落ちる**のです。

一方で、**お互いが信頼関係によって結ばれていて、かつ同じ目的を共有し、多様性を認めて、それぞれが尖らせた才能を持ち寄れば、どう考えても、一人で戦うよりも大きな成果が得られます。**

また、チームを構成するとき、全員が４番バッターで長距離打者であるよりも、走力が高い人、バントがうまい人、ミートがうまい人、チャンスに強い人、見極めがうまい人、犠牲フライを打てる人など、**それぞれの特技を持ち合わせてチームを作った方が、圧倒的に強くなります。**

そして、リーダー。

リーダーは全知全能ではないですから、「何が必要か」なんて、すべてわかっているわけがありません。すると、リーダーとしては、「こいつはわけがわからんけど、何か尖ってる」とか「何に使うのかよくわからないけれど、妙な特技がある」という人材をたくさん抱えている方がいい。それがチームになった瞬間に、ものすごく重宝されたりすることになるからです。

これは、生物の世界の仕組みにも、共通していることです。生物の世界と同様、ビジネスの世界も、変化がとても激しい。「今は価値がない」とされるものが、実は、ある病気にめちゃくちゃ強かったりする。そんなふうに**多様性があればあるほど、激しい変化の中で「生き残る」ことができるわけです。**

ちなみに、最近では会社や組織だけが「チーム」ではありません。SNSやオンラインサロンの存在などもあって、かつてよりチームの形は柔軟かつ多様化してきています。強制されるものではないために、出入り自由なものも多いですね。**強いチーム作りのできるところが生き残っていく時代がやってきた、**ということを強く認知してほしいと思います。

「チーム」は「個人」より強い。
しかも
尖った才能の集まった
凸凹チームが強い。

成功のために「合理的に選択する」ということ

チームの話をするにあたって、この話をさせてください。

２０１８ＦＩＦＡワールドカップは、日本にとって、とびきりドラマの多いものでした。サッカー日本代表が残してくれた感動と悔しさを、心に引きずっている人も大勢いるのではないでしょうか。

もともと、今季のスタート時点での日本代表は、まったく期待されていませんでした。しかも、それを打開しようとして、大会の２ヶ月前に監督を解任。さらにそれが大炎上しました。挙げ句の果てに、前監督から訴えられる始末。

ただ、この監督更迭劇は、**心理学の「サンクコスト効果」**を考えると正しいと思います。すでに使ってしまったお金や労働力や時間のことを考えると、それがもったいなくて、その後に合理的な判断ができなくなってしまう心理がサンクコスト効果です。

たとえば、ひとつのホテルを作るために、１００億円の予算をかけ、大人数を投じ、5年経ったとしましょう。しかし、あとちょっとで完成というときに、このホテルは採算が取れないという状況になってしまった。はたして、どうしたらいいのか？

多くの人は、「あとちょっとだから、お金と時間をかけてとりあえず完成させる」という選択を取りがちです。つまり、すでに使ったお金や時間や手間を計算に入れて、それを無駄にしたくないがために、さらに無駄なコストを投じて完成させてしまう。ダメ男だとわかっているのに8年も付き合って、なかなか別れられない女性も同じ心理です。しかし、完成しても採算の取れないホテルは完成させるべきじゃないし、8年付き合ってもダメ男のままなら、すぐに別れるべきです。3年もチームを作っているのに勝てなかったり、選手のせいにしたりする監督は、即座に解任するべきです。

しかし、この「選択」はとても難しい。

サッカー日本代表の件も、本当は、もっと早い段階で解任した方が良かったのでしょう。しかし、サンクコスト効果が働いて、「解任する」ことができなかった。しかし、選手の気持ちが離反したことが表面化し、いろんなところからの働きかけもあって、協会も動かざるを得なかったのでしょう。当然、監督に対する任命責任にも話は及びました。

そして監督が変わって、グループステージ第1戦でまさかの大金星。第2戦のセネガルにも粘り腰で食らいついた。これによって日本でのワールドカップに対するニュースの扱い方が大きく変わりました。選手たちはヒーローとなり、西野監督は名監督という文脈で語られるようになりました。

しかし、第3戦のポーランド戦。0－1と敗戦濃厚の中、他の試合の経過次第で、今のこの試合で負けてもステージを突破できる可能性が見えた。そこで日本は、このまま〝引いて〟守って、時間稼ぎをするという戦術を取り、それが功を奏して、誰も予想していなかったグループステージ突破を決めたのです。すると、また大バッシングが始まりました。

僕はずっとテレビで試合を観ていたのですが、時間稼ぎという〝戦術〟を取ったときに会場がブーイングを起こしていたのを見て、きっとこの試合が終わったら大批判されるのだろうなと思っていました。案の定そうなりましたよね。

トルシエ監督の頃から言われていたことなのですが、日本には引き分けの文化がない。実はイタリアなどは、「もう失点しないと決めたら、鍵をかける」と言われるぐらい、「点を取らず、同時に、絶対失点しない」という組織力を発揮します。

しかし、日本は、これを全体で共有するのが難しい。「正々堂々勝ちたい」という思いを誰かしらが持っていますし、「時間稼ぎなんて、卑怯だ」という価値観が強いから。日本の国民も、「負けない」とか「レギュレーションの中で目標達成する」ということに対して何となく「不潔」だと感じる傾向があり、それを許しません。

たとえば、決勝トーナメントのすべてを、一切攻めずに全部0－0の引き分けにしてPKで優勝したとしても、「それでは価値がない」かのように言われるでしょう。

しかしこれは、僕に言わせれば**「リスクマネジメント」**だし**「ポートフォリオ」**です。なのに日本では、とにかくこういう「トータルしたときに負けない」みたいな戦い方は、「つまらない」となってしまう。

だから弱い。僕はこの試合を見て、それを、心底感じました。

日本人が求める究極のプレーは、「一対一のドリブルですべて仕掛けろ！」とか「パスに逃げるな！」などということになるでしょう。要は、鎌倉時代の「やーやー我こそは！」と名乗り合って一対一の戦いをすることが「武士（もののふ）の戦いである」という感じ。ただし、日本人は、自らの誇り高さを言葉にしたいときに、よく「サムライ」などと言いますが、日本人の先祖の9割は農民ですからね。

……話がそれましたが、何にせよ、**レギュレーションの中で戦い、それに最適化する。できるだけ合理的に、必死で戦う。**そこには、卑怯もクソもない。「予選」というのは決勝トーナメントに進むためのもの。美学にとらわれるあまりに予戦で敗退するなんて、勝負の仕方を間違っています。**勝つために必要なのは、合理的な考え**ではないかと、僕は、強く強く思うのです。

勝つために、何をするか。シンプルに考えること

サッカーワールドカップでは、今大会から、「フェアプレーポイント」が採用されました。これによって、セネガルよりも優位であったために、結果的に日本は、グループステージを突破することができました。日本はずっとフェアプレーで戦ってきました。その文化が身を助けたというだけの話ですよね。

しかも、「最後はフェアプレーではなかったのに、フェアプレーポイントで突破できたのはおかしい」という論調も生まれました。そんなことを言っているから、日本は「成果」が出せないんじゃないか、サッカーに限らず世界で戦えないんじゃないかと僕は思うのです。

たとえば、「お前は、テスト前日には全然必死で勉強していないのに、高得点を取った！　そんなのずるい！　俺は一夜漬けして一睡もせずに頑張ったのに！」ということを声高に叫ぶ人は、かなりまずいですよね。前日は勉強しなかったかもしれませんが、これまでに蓄積してきたものがなければ、高得点は取れません。

昔、ある番組で、ボクシングの元世界チャンピオンの畑山隆則氏のファイトマネー

が1億円だというのを聞いて、司会の方が「30分くらい戦って1億円って、ずるいわー」というようなことを言ったのを見ました。そのときに、畑山氏が「でも僕は、中学生くらいのとき、みんなが学校が終わるとカラオケに行ったりして遊んでいたときに、死ぬほどジムで練習していたのです」と毅然とした態度でおっしゃっていました。あのときの言葉、態度こそ、あるべき姿だと思ったのを記憶しています。

今回のサッカーワールドカップのポーランド戦では、ルールの範囲内で戦い、成果を最も出しやすい戦術を取っただけ。しかしそうしたら、「私たちにわかりやすい戦い方をしろ」と大批判。僕の個人的な意見ですが、これこそが、次のベルギー戦での2－0からの大逆転負けを生んだのだと思うのです。

「リスクマネジメントなんかより、常に攻撃的であるべきだ」「そうでなければ、全国民からたたかれる」――そんな思考に日本チームがとらわれていたとしたら……。「考えて勝つ」のではなく、ひたすら「体と心を磨耗させて戦わなければならない」という呪いにとらわれていたとしたら。

これは、今回のサッカーの試合に限ったことではありません。甲子園のエースピッチャーが連投して肩を壊すのも、学校でいじめられているのに登校しなければならないというのも、まったく同じメンタリティーが底に流れています。社内でのパワハラやセクハラに耐えているのに、「我慢しないと根性がない」と言われるのと同じ。

そんなところでは、人は〝磨耗させられ〟ます。

僕たちは、**成果を挙げるためにも「選択」をしないといけないのです。**

時には、「戦わない」「守備的」という戦術も、勇気を持って選ばなければならない。

日本×ポーランド戦での「時間稼ぎ」は、明らかなリスクマネジメントですし、そうやって主力の温存をすることも、次の試合で大きな成果を挙げるために必要なことでした。それを非難した今の日本人の視座はあまりに狭量だということを、今回の試合でいやと言うほど感じました。

さらに言えば、日本人は、「団体行動」は得意でも、「組織行動」となるととても苦手なのではないかと思うのです。全員が同じ動きで同じルールのもとで行う「団体行動」については幼少期から訓練されてきているけれど、**「目的のために」「組織的に」「状況に最適化」する動きを個々が行うことは苦手。**むしろ「みんなと違うことをするな」と叱られるのでできない。ちなみに、**組織行動は、組織力そのものです。**

何よりも優先すべきは「目的」であり、その目的から考えて、〝最も成果を挙げる確率の高い作戦行動〟を選び、「組織」として動くべき。

「団体行動」は、一度ズレると、元に戻そうとパニックが起きるものです。批判されたくないと思って、萎縮（いしゅく）するものです。だからこそ、**目的に対して意思統一をしながらも、個々に柔軟に動く。**そのために**「やるべきこと」と「やらないこと」を選択することが、大切なのだ**と思います。今振り返ってみて、今回のサッカー日本代表が選択すべきは、「無責任な外野の、結果論での批判」を全員が無視することだったのではないかと思うのです。

我々の多くは、テレビで観戦するばかりで、サッカーの選手でも達人でもありません。そして、観ていたものは、たったひとつの大会だったかもしれません。しかし、世界中の〝才能〟が人生を賭けて挑んでいる大会です。しかも、そういう数多の〝才能〟が組織となり、「勝利」というシンプルな唯一のものを求めて、戦っている場です。

「才能」について、その「才能」を活かしていくことについて、そして大きな成果を挙げるための「チーム」について考えるときに、どうしても触れずにはいられませんでした。

今、目的の前にあるものをこんなふうに真剣に観察していくことで、我々は大切な学びを得られます。ぜひあなたも、ひとつひとつのことと丁寧に向き合っていく癖をつけてください。

最優先すべきは「目的」。
その目的のために
最も高確率の作戦行動は何か？
それを考えて
個々が動ける組織が強い。

第4章
「才能」と「成功者」、「才能」と「天才」

〝才能のある人〟ほど大切にしている
小さなこと、
地味なこと、
シンプルなこと。

目下の人に上座を勧める

この章では、僕の知る「才能のある人たち」について書きます。そういう方の行動を見ると、ひとつひとつの行動は、シンプルで特別難しいことではないように思えます。しかし、やってみるとわかりますが、いざ真似しようと思っても、そう簡単にはできないことばかりです。

選択肢が無限にある中で、「こうしよう」と決めて動いている方、そして成果をきちんと出し、信頼を得ているというのは、すごい才能を世の中にアピールできている人ですから、「真似＝完コピ」できるところから、どんどんしたいものです。

まず、洞察力の達人として第1章でお名前を出しましたが、吉本興業の大﨑会長は、今や僕にとっては「東京のお父さん」ともいえる存在です。

初めてお会いしたのは、代官山のフレンチのお店だったのですが、個室で二人きりで対面するという特殊な状況でした（普通は紹介者が一緒にいるものなのでしょうけれど、その紹介者であるキングコング西野さんはメキシコに行っていました）。

「芸能界のドン」と呼ばれる人の一人でありますし、ダウンタウン松本人志さんが尊敬する人物として挙げる方です。珍しく僕は緊張していて、約束していたお店の前に30分以上前に着き、時間をつぶしてから約束の時間の5分前にお店に入りました。

個室には、テーブルと椅子が二つ。もちろん僕は下座に座るわけですが、「座って待つべきか」「立って待つべきか」悩みます。立って待っていて悪いことはないはずだと思い、立つことを選択します。

ちょうど約束の時間ごろに大﨑会長がおいでになったので、「はじめまして。坪田信貴と申します。この度はお時間を頂戴しまして本当にありがとうございます」と深々と頭を下げてご挨拶をしました。それから上座のほうを指して「どうぞ」とお席を勧めると、大﨑会長は「ええねんええねん、奥行ってください」と言いながら、サッと下座の椅子を手に取られました。

「いえ、そんなわけには！」と言うと、「(坪田君は) お客さんなんだから、上座に座ってください」と促してくださいました。

そしてその後に、「大丈夫。次は俺がそっちに座るから」といたずらな笑みをこぼしていらっしゃるのです。

この何気ない行動のすごいところはいくつかあるのですが、まず、**二回りも年下の**

人間と接するときに、何の躊躇もなく下座を選択するというのは、本当に普段から謙虚な姿勢でいないとなかなかできません。しかも、僕のほうが早く到着していて下座の真横にいるわけですから、「自然な流れ」としては、僕が下座、大﨑会長は上座に向かうものだと思います。

しかし、そこでサッと下座の席を選択して、目下の人間を上座に促す。そして僕がそれに恐縮したら、「お客さんだから」という理由を添えたうえで、それでも僕が固辞すると「大丈夫。次は俺が座るから」と言って、安心感を与える。

相手の表情や動作をつぶさに観察することで、心境を感じ取り、察し、相手が動きやすい言葉をかける。さらには一言で安心感を与える。これは本当に高い技術ですし、**普段から相手の気持ちを考えて行動することと、謙虚な姿勢が同居していないと到底できないこと**だと思います。

「北風と太陽」の〝太陽〟になれたら、人は心を開いてくれる

また、その後の会話の流れも驚異的でした。対峙する人の本質を見抜こうと思うときに、相手がすべてをさらけ出そうとしている状態なのか、それとも警戒してすべて

を隠そうとしている状態なのかによって、その先のコミュニケーションの難易度が変わりますよね。**達人は、相手から、構えや防御をしようとする気をなくさせるのです。**

僕はこのとき、イソップ寓話の「北風と太陽」の話を思い出しました（太陽と北風が、旅人のコートをどうやって脱がせるかを勝負する、あの有名な話です）。

「昔俺がフライデーに六週連続で載ったときにな……」「反社会的勢力を追い出すための株主総会でさ、長時間になるだろうからと秘書から紙おむつを勧められたけどさ、やっぱり対峙した時に紙おむつ履いてたらもう精神的に負けてるやん？」「坪田君はホンマに頭いいなー。俺は子どものころからアホやと言われ続けてきたからさー、何もわからんねん。色々教えてなー」などと、普通だったら隠すようなことも、思っても恥ずかしくて言わないようなことも、次々とおっしゃるのです。そんなふうに接してくださると、こちらも、すべてさらけ出したくなり、正直な気持ちを伝えるようになります。

お会いして10分後ぐらいには、もう〝両手を万歳〟して、この方にすべてを委ねよう！　という気持ちになっていました。これが剣の試合なら、剣を投げ捨て、構えもやめて「煮るも焼くも好きにしてください」と、自らの身を投げ出した状態です。

このときの大崎会長の姿勢があまりにも見事で、僕は一瞬で、この人のために、この人が大切にしているもののために頑張ろうと思わされました。

「社長の資質」とは何か？　この命題に対して、僕は「この人を漢（おとこ）にしたいと、部下に思われること。それがたった一人でも」という持論があるのですが、大崎会長とお会いしたこのとき、僕は1時間も経たないうちにそのような心境になりました。

『史記・刺客列伝』に「士は己を知る者のために死す」という有名な言葉があります。すなわち、「立派な人間であれば、自分の真価をよく知ってくれて、認めてくれた人のためなら死んでもよい」という意味ですが、これの一番難しいところは、**「なかなか人間は自分のことをさらけ出す」ということをしませんし、だからこそ「本当に理解してもらう」ということはなかなか難しい**ということです。

しかし、大崎会長は、自分の過去のことから現在のことまで、普通なら言わないようなことも胸襟を開いて話してくださり、それによってこちらが話したくなるような空気も作ってくださり、結果的に自分も普段なら初対面の人には話さないようなことまでペラペラと喋ることになりました。この状態に持っていくのは、もう天才としか言いようがありません。

そして会食の2時間が経ち、最後に、

「なぁ、坪田君、うちの役員にならへん？　無理のない範囲で、社外役員とかどうやろう。それでもきつかったら顧問とか特別顧問とかでもいいけど」

とおっしゃりました。もうここまできたら、僕は反射的にこう答えるマインドになっていました。

「それが大﨑さんのためになるなら、なんでもします」

そして会計が済み、帰るときに廊下で「俺も、会った初日で役員にならないかと言ったのは初めてだわ」と言って笑いながら歩いて行かれました。

これぞ「豪傑」や「偉人」のエピソードですよね。僕はそれ以来、大﨑会長にお会いすると、なぜか感極まって泣きそうになります。

〝人を動かす才能〟はどうやって見つけて、磨いていけばいいのか。それは、信頼のあつい方の行動を見ることで、わかることがいっぱいあると思います。

一流の人ほど、
常に、繊細に、
「人間関係」に思いをかける。

感性を磨く、とはどういうことなのか

尊敬する人はたくさんいますが、ザ・リッツ・カールトン・ホテルの元日本支社長だった高野登さんは、心から尊敬する大好きな方です。

好きになったのは、今から10年以上前、高野さんのセミナーに参加したのがきっかけです。

いろんなお話をされていた中のひとつで、「まず一流に触れなさい」とおっしゃったことは印象的でした。**「1回3000円の居酒屋に10回行くぐらいだったら、それを我慢して3万円貯めて、超一流ホテルのレストランへ1回行った方がいい」**というようなことを話されていたときに、なるほど！と、スッと腑に落ちるのを感じました。

一番心に残ったのは、**「感性を磨きなさい」**という言葉です。

「感性を磨く」。言葉はシンプルだし、何を言っているかはわかりますが、といって、どうしたらいいのでしょうか？　いざ磨こうと思っても、簡単に磨けるものではありません。難しくてわからなかった僕は、最後の質疑応答で高野さんに質問したのです。

すると高野さんがおっしゃったのは**「毎日靴を磨いてください」**ということでした。

「なんだ、よくある精神論か」と思った方もいるかもしれませんね。実は僕もそのときそう思ってしまったのですが、これは全然精神論ではありませんでした。

帰宅したら毎日靴を磨くようにする。言われてみたらまったくその通りです。すると、スーツにもきちんとブラッシングしたくなる。靴をきれいにしたなら、それに見合うようにスーツも手入れしようと思うでしょう。そうやって毎日靴を磨いていると、自分のスーツの手入れも行き届くようになるわけですが、そこから、他人のスーツや靴にも目が行くようになる。そのうち、靴やスーツが毎日手入れされているものかどうかがわかるようになる。もし、今、目の前にいる人が、毎日手入れをしているような人であれば、その人は細やかで、気配りのできる人だから、丁寧な対応をしなければならないだろう。逆に、手入れはしていなくて無頓着のようだけれど、いいスーツを着ているという人は、見栄っ張りで細かいことは気にしないタイプだろう。「毎日靴を磨く」という、ごくごく地味なことを続けるだけで、しまいには、こんなことまでわかってくるようになる。**自分で一度でも経験することで、微妙な差に気づくようになる。**

目からウロコが落ちるような思いがしました。

こうした**基礎の基礎を徹底的にやってみることで、いかにその先に大きなものを生むか、**という興奮も得ることができました。

3ヶ月や半年でも、徹底的にやると、あらゆることが見えてくるようになるものです。これが感性を磨くということの真髄でした。

「感性磨きは靴磨きだ、と覚えてね」と言われたこのときに、僕は震えるほど感動して、以来、高野さんの本を読み漁って、行動の完コピを始めることにしました。

一流の人がやっていることに触れ、その完コピをすること。第2章の「行動を完コピせよ！」でお話しした通り、完コピは必然的に「守破離（師弟関係のあり方）」となり、ただコピーしているだけのようですが、続けているうちにいつの間にかオリジナリティが生まれてきて、それがあなたの尖りとなっていくのです。

速攻で「行動の完コピ」をする西野亮廣

絵本『えんとつ町のプペル』の作者である絵本作家・西野亮廣さんは才能溢れる方です。

彼と出会った頃に、「坪田さんって、本を売るためにどういう工夫をされているんですか？」という質問をされました。でも僕は、西野さんのようにたくさんサインを書いたり、独演会をやったりということは全然していません。「強いて言えば、お土産やお中元・お歳暮を欠かさないことですかね」とお話ししたのです。

僕は誰かとお会いするときには、お土産を持っていくようにしています。出版社の方にお渡ししたときは「私たちの方がお渡ししないといけないのに！」と驚かれました。でも、どこかへお邪魔したり遊びに行くときはお土産を持っていくのが当たり前だと育ったので、取材や打合せの前には、いつも名古屋駅であれこれ買い込んで、一度お会いした方にはお土産がかぶらないよう違うものを選んでから新幹線に乗り込んでいます。

お中元とお歳暮は、日頃お世話になっている方へお送りしています。個別にお返しいただくこともありますが、お返しを期待しているわけではありません。いつも僕の本を売るためにいろいろ骨を折っていただいていることへの感謝の気持ちです。それでもやっぱり、何かをお返ししたいと思うのが人情で、それが心のこもったお礼状であったり、新しい仕事の依頼だったり、新しい関係性ができるきっかけ作りになったりもします。

そんな話をしたら、西野さんは「俺、もう速攻送る！」と言って、すぐに実行に移していました。これが西野さんのすごいところです。〝行動の完コピ〟をすることに躊躇(ちゅうちょ)がありません。しかもすぐに実行に移すスピード感が〝ハンパない〟。

二人で話しているときも、いつもメモを取っていらっしゃる。何か西野さんの心に引っかかることがあったりすると、「今の話、ブログとかに書いていいですか?」と確認してこられます。そう言われると、僕も嬉しくなりますから、どうぞ書いてくださいと言います。すると本当にすぐに、その話がブログにアップされているのです。

西野さんは僕の行動を〝完コピ〟して、出版社へお中元を送ったそうなんですけれど、営業部へ送ったそうです。アルバイトまで含めた全員に送ったというところは、僕とは違いました。**行動というのは、〝完コピ〟しても、必ずオリジナリティが出てしまう**、ということのいい例です。

このお歳暮の話はちょっとした一例で、実際「お歳暮を贈れば必ず本が売れる」という単純な話ではないでしょう。しかし西野さんは、そこに自分なりの〝根拠〟を見つけて真似することにした。西野さんは何においても、コレ! と思ったことを完コピするときのスピードがすごい。彼の成功の理由がわかります。

一度でも自分でやってみると、
微妙な変化に気づくようになる。
成功者は、
経験こそが価値であることを知っている。

「運」は、日頃から努力していた人だけがつかむことができる

僕の教え子で、プロのピアニストになった前田祐里さんという女性がいます。

彼女は東京藝術大学を目指していたのですが、高校生のときにドイツで開かれた青少年のためのエトリンゲン国際ピアノコンクールでファイナリストになったことから、審査員だったドイツの国立音楽大の教授から「ぜひうちの大学に来なさい」と誘われました。

僕は彼女から「藝大かドイツか、どちらがいいでしょうか？」と相談されました。僕はセンター試験の相談には乗れるけれど、音楽については素人ですから、違いがわかりません。それで「それはどう違うの？」と質問しました。

素人考えだと、ピアノをやっているならピアニストになりたいだろう、と思ってしまいます。しかしプロのピアニストの「席」は非常に少ない。しかも世界中からピアノの天才が集まってその座を奪い合うという、とにかく〝超狭き門〟なんだそうです。

僕はその話を聞いて、「君は将来、何になろうと思っているの？」と質問しました。

すると「現実的に考えたら先生です」という答えが返ってきた。プロのピアニストになるという希望を残しつつも、教員免許を取って学校の先生になるのが現実的だ、というなら藝大へ行く方がいい。もちろん藝大だって超一流です。それが、ドイツへ行ったら、プロのピアニストになるための勉強オンリーになる。学校の先生になる道はほぼなくなります。

そこで僕は彼女にこう聞きました。

「その教授から直々に誘ってもらえる人って、世界に何人いるの？」

すると、そんな人はほとんどいないとのことでした。

「もし僕が君の立場であれば、やってみたいと思うのは、明確にドイツ留学だな。もしドイツの話を断って日本で勉強していたら、いずれ必ず『あのときドイツに行っていれば、どうなったんだろう』と思うことになる。僕だったら、ある程度親の脛をかじるつもりでドイツへ行ってみるかな。親からは『何、夢のようなこと言っているの！』なんて言われるかもしれないけれど、こんな機会はそうそうあるものじゃないよ」

すると彼女は「そうですよね」と言って、高校卒業後にドイツへ留学しました。

その後、ドイツの音楽大学を満場一致の最優秀成績で卒業。ドイツの国家演奏家資格も取得して、現在は日本とドイツを拠点に活躍するピアニストです。他にも、ニース国際ピアノコンクールで審査員をしたり、生徒さんにピアノを教えたりもしているので、結果的に先生みたいなこともやっています。

ピアニストになった彼女に会ったとき、「普段どれくらい練習しているの?」と聞いてみたことがあります。彼女は「子どもに聞かれるか、友達に聞かれるかで、答え方が変わる」と笑いながら教えてくれました。同じ質問を子どもに聞かれたら「毎日すごく練習している」と答えるそうですが、実際には、あまり普段は練習していないとのこと。すでに技術的なところは体得しているので、徹底的にやるのはコンサートの数週間くらい前からだとか。もちろん指を慣らす程度には毎日弾いているそうですけれども。

しかし、子どものときの練習量は尋常じゃなかったそうです。だから子どもに聞かれたら「すごい練習している」と言うわけです。

ピアノに限ったことではありません。最初は、そうやって基礎の「技」を徹底的に練習するのです。そこで能力を高め、やがて「術」を体得し、そこからの努力があって、才能として花開いていくことになる。

ただし「才能」があっても、世界でトップクラスになるには「運」も必要です。

「運」というと、何の努力も必要ない、ラッキーなことのように思うかもしれませんが、それは大間違いです。**運というものは、地道に能力を高めておかないと、いざというときにものにできません。**せっかく運が向いてチャンスが降りてきても、みすみす逃してしまうことになります。もし、ドイツへ来なさいと言われたときに、「自信がない、練習も足りていない」と思ったら、彼女はその「運」を逃してしまっていたでしょう。

「運」をつかむためには日頃の努力が最低限必要なわけですが、もちろん、**いざ実際に「運」が向いてきたときには、リスクを取ることを承知で「えいやっ！」と結論を出すことも必要**です。

これは余談ですが、祐里ちゃんが日本で凱旋コンサートを開いたとき、僕は花束を持っておめでとうを言いに行きました。彼女が僕を見つけるなり「先生！」と言ってきたので、会場がザワついたんですよ。あの男は誰だ、彼女の師匠じゃないか、でも音楽業界で知られていない顔だ、それにしては若すぎる、もしかしたら隠れたスーパーピアニストなんじゃないか……みたいに思われていたんだと後から聞きました。今では笑い話ですけどね。

とんでもないお金持ちのおばあさんに偶然出会って、信頼を得て、遺産をもらう方法

ときどき、漫画やドラマなどで、こんなストーリーがあります。道端で大きな荷物を持ったおばあさんに出会い、その人の荷物を運ぶのを手伝ったら、そのおばあさんがとんでもない大金持ちで、ものすごい権力を持った人だった。無私の心で助けてくれた主人公に感銘を受けたそのおばあさんが、主人公に数十億の遺産を残した……。

「漫画的だ!」と言いたくなるかもしれませんが、決して〝無い話〟ではありません。もし仮に、そのような出来事が本当に起きたとしたら、その人は「とても運が良い人」であることは間違いないですよね。

そこで考えてみましょう。そのようなおばあさんに出会う「運」を、**どうやったら、引き寄せられるのでしょうか**。そして、そういうおばあさんに出会ったときに気に入られるには、どうしたら良いのでしょうか。

――それは、**「出会ったすべての人に優しくすること」**です。僕はこれを、子どもたちや先生たちに伝授しています。

そもそも僕らには、「今、運が良い」「この出会いは、人生を左右する」「今このときをきっかけに、大きくブレークする」なんていうことを認知するのは不可能です。そんな能力を僕たちは備えていません。ですから、見知らぬおばあさんに偶然出会ったときに、「このおばあさんは億万長者かもしれないから優しくしよう」とか「チャンスのときには本気を出すぞ。見逃さないぞ」なんて思っていたら、そのチャンスはいつの間にか、目の前から去っているものです。だからこそ、それが重要だとかそうじゃないかとか認識する前に、「すべての出会い」で優しくすればいいのです。

「運」は、必ず「人が」もたらしてくれます。出会ったすべての人が、運を運んできてくれるのです。であれば、**出会うすべての人に誠実に対応することで、いつかそれが大チャンスになったときに、そのチャンスをものにすることができる**でしょう。

ちなみに、僕は『ビリギャル』以降、60人以上の編集者の方から、メールなどで企画書をもらいましたが、「すべての編集者」と一度はお会いしました。企画書の中身を見た瞬間に「これはないだろう」と思うものであっても、です。会ってみたら、すごい出会いになるかもしれないからです。ちなみに、この本の編集者の袖山さんもその一人で、「明らかに」すごい出会いだと僕は思っています（もちろん、企画書もすばらしかったですが〔笑〕）。

「出会ったすべての人」が、
「運」を運んできてくれる。
だから、日頃からすべての人に
誠意を持って接することが、
運を上げることになる。

超一流の人に会うための、超ストレートな方法

僕はこれまでに、二人の超有名人に、個人的にアポイントメントを取って、お会いしたことがあります。

一人はハリウッドを代表する、世界的人気を誇るアメリカ人俳優です。あまりに有名な方なので、お名前を出すことは控えます。

僕がアメリカに留学していた、大学生のときのこと。僕はどうしてもその俳優さんに会いたくて、事務所の電話番号を調べて、思い切って電話をかけてみました。

もちろん「誰ですか？」と警戒されます。そこで、

「ノブですけど、○○の電話番号がわからなくなってしまって。○○はいますか？」

とその俳優さんの名前を出したんです。すると、

「どこのノブですか？」

「日本のノブですよ。今彼がいないのなら、この番号にコールバックしてほしい、と伝えてください」

と言って、電話を切りました（あのとき電話に出た方、本当にごめんなさい！）。

するとその日のうちに、ご本人からコールバックが来たのです！

「ハーイ、ノブ。ところで、どこで会ったノブだい？」

「ごめんなさい。実は初めてなんです。僕は留学中の大学生なんですけれど、ロサンゼルスで誰に会いたいかと考えたら、あなた以外にいないと思って。でも連絡先がわからないから、エージェントに電話しました」

すると相手は大笑い。

「ワオ、騙（だま）された！」

「騙してはいませんよ！　僕はあなたの電話番号がわからない。わからないから電話をください、と事実を言っただけですから」

「ノブ、君は面白いね！」

「面白いと思ったら、ぜひ会ってください。撮影所に連れて行ってください」

「ＯＫ！」

その後、本当に僕のところへパスが送られてきて、憧れの俳優さんとお会いすることができました。そのご縁があって、それ以後も、何度かお会いする機会に恵まれています。

どうしても会いたい人がいるのなら、その人の〝手間にならない〟方法を

そしてもう一人は、日本を代表する作品を描いている漫画家さんです。こちらもあまりに有名な方ですが、ほとんどメディアに出ていらっしゃいません。

塾の立ち上げの頃でした。生徒さんとスタッフに向けた講演会をやりたいと考えたときに、個人的にファンだった漫画家の先生のお名前が浮かびました。でも何の手がかりもない。

そこで僕がどうしたかというと、まずその先生が連載している漫画誌の出版社に電話をしました。実はお手紙を出そうと思ったのですが、ファンレターを出しても本当に本人に届くかどうかわからなかったので、まずその確認をしようと思ったのです。

こういう場合、最初は代表に電話をしますよね。僕は「□□先生の担当編集者とお話ししたい」と言いました。もちろん「何の御用でしょうか？」と聞かれます。だから正直に、「□□先生にファンレターを出して講演をお願いしようと考えているので

すが、本当にその手紙を届けてもらえるのかを確認したい」と伝えました。

するとと「送っていただいたお手紙はお渡ししています」と受付の方が言いました。僕は「本当ですか？」「あなたはファンレターを□□先生へ渡している現場を見たことがあるんですか？」と、その受付の方をつめてしまいました（あのときの方、ごめんなさい！）。

すると、電話を編集部へつないでくれました。電話に出てくれた編集部の方にも、また同じことを聞かれたので、ここでも正直に僕の思いの丈をお話ししました。するとまた別の方に電話が代わり、「わかりました。必ずお渡しします」と約束していただけました。

さっそく僕は、心を込めて、子どものときから先生のファンであること、先生のところへはこうしたお願いがたくさん来ているとは思うけれども、なんとしても僕の塾で講演をしていただきたいこと。今僕が立ち上げようとしている塾の、生徒たちとスタッフたちに、超一流の方のお話を聞いてほしいと思っていること。それには、先生の他に考えられないこと。……を手紙に綴りました。

そして、その手紙には、僕あての住所と名前を書いたハガキを同封しました。ハガキの裏には「思う・思わない」と書いて、「もう少し話を聞いてみたいと思ったら

『思う』に○をして返信してください」と書き添えました。**返信するときに、○さえつければいい、という体裁にしたのです。**

念のために、先生の連絡先を書くためのスペースも作り、「本当に興味を持っていただけたらご連絡先も教えてください。もしお返事がいただけたら、詳しいことをあらためてお伝えします」と添えました。

お手紙を出して数日後、「思う」に○のついたハガキが届きました！　連絡先には先生の電話番号も書かれていました。

後々、僕も本を書くようになり、ファンレターをいただくようになりました。ファンレターにはよく「お返事ください」と書いてあります。熱意のこもったファンレターをいただくとぜひお返事の手紙を書きたいと思うのですが、結構な数のファンレターをいただくこともあり、なかなかハードルが高い。もしそのお手紙の中に、メールアドレスや電話番号が書かれていれば、「どうもありがとう！」とすぐに言えるのになあ、といつも思うのです。

ファンレターひとつであっても、そういう**配慮が見えると「この人に会ってみようかな」と思う**ものなのかなあと思います。

一流の人に会うことは、才能開花の第一歩

すごい人、一流の人に会えるなんていうこと、ありえないし考えたこともない……というのが普通かもしれません。しかし、こんなふうに、こちらから連絡をしたり手紙を出したりすることで、返事がもらえることもあるのです。

とはいえ、闇雲に連絡すればいいというものでもないでしょう。そこで、僕がこのお二人に会えたポイントは何だろうか？　と考えてみました。

何より**僕は、行動を起こしました**。多くの場合、人は端から「そんなこと無理に決まっている」と思い込み、行動に起こそうともしないでしょう。しかし、**熱意があり、思いがあり、そしてきちんとした配慮が感じられたら**、「この人ってどういう人なんだろう」と興味を持ってもらえる可能性は十分にあるのです。

ですから、たとえばどんな田舎に住んでいても、超一流の人に会うことはできると思います。しかも今はインターネットもありますし、ＳＮＳで直接連絡することができる時代です。もしあなたが「田舎に住んでいるから」という理由で、連絡を取ることを躊躇しているとしたら、それはただの言い訳です。むしろ田舎の方が有利かもし

れませんよ。「なぜ、こんな田舎から連絡が?」と思ってくれるかもしれない。

一流の人に会うことは、自分の才能を開花させる第一歩、いいえ、大きなきっかけになります。ぜひ、会うための努力をすることです。

もし、ずっと憧れていた人に会えたときに、その人から「君ならできるよ」「君だったら大丈夫」と言われたら、どれだけやる気が出るでしょうか。

これは僕の個人的な意見ですが、**一流の人ほど、どんなときでも「できる」と言います。**著名な人でも、成功しているように見える人でも、**「ダメだ」「無理だ」と言いがちな人は、二流、三流の人だと思います。**〃会うことが叶いやすい二流、三流の人〃に否定されるくらいなら、一回でも一流の人に会って、その人から言葉をもらえる方が、何十倍、何百倍、いやいや何億万倍も、あなたの人生にとって意味のあることだと思います。

超一流の人の言葉には、シンプルに能力を加速させる「何か」があります。実際に触れてみれば、わかります。逆に、触れてみないと、この圧倒的なすごさはわからないと思います。わかりたいのであれば、行動あるのみ。「アプローチしたけどダメだった」とすぐに諦(あきら)めず、100回でも200回でも、手紙を書いてみてください。もちろん熱意と配慮を忘れずに。

一流の人ほど
どんなときでも「できる」と言い、
二流・三流の人は、
「ダメだ」「無理だ」と言う。

成功者は〝普通〟の人

人は「才能」という言葉が好きですが、「天才」という言葉はもっと好きですよね。「天才」という言葉を使うことで、人類の最先端の真理に触れているような気がするからかもしれません。「あの人は天才！」みたいに言っているとき、多くの人は昂揚感を覚えている。自分は天才ではないけれど、私はあの人を天才だと認めている。そんなとき、「彼（彼女）が天才である」とわかっていることが、喜びなのです。

そんな「天才」について、少し考えたいと思います。

人類史上最高の天才と言われるジョン・フォン・ノイマンのエピソードを第3章でお話ししましたが、本当の天才というのは、一般には理解されないものです。市井の大勢の人が、あの人は天才だ！　とわかるような天才は、本当の天才ではないでしょう。そういった意味で言うと、僕は、ピカソは天才ではないと思います。亡くなって約50年経ちますが、生前も、そして今も、彼の才能は多くの人に理解されていますから。

では、天才とはどういう存在なのか？

僕はよく手近なものを指差して、「これって何色？」といろんな人に聞きます。ほとんどの人は同じような反応を示します。金属っぽいものを指せば、銀色、シルバー、ねずみ色といった言い方をしますし、おかしな点はまったくありません。

でも、**僕が見ている色と、別の人が見ている色は、本当は微妙に違うはずなのです。**

何が微妙に違うのか——。見ている位置によって光の反射具合の差がある、といった要因もありますが、それ以上に、個人個人で「映像の解像度」が違うはずなんです。目がいい人とそうじゃない人がいる。視力もそうですが、視力だけの問題ではありません。たとえば同じものを見ても、画家やカメラマンの目には、僕が見ている世界とは違うように映っていると思うのですね。そういえば、日本人の画家さんで「僕には、青い目の西欧の画家と同じ色は出せない。青い瞳の彼らには、黒い瞳の僕らとはきっと違う色が見えているから」と言った方がいました。

デジタルカメラが出始めのとき、画素数が今よりずっと少なかった。それが徐々に進化して、今では以前の1000倍以上になっています。明らかに性能が違いますから、同じものを撮影しても別物ですよね。

たとえば、犬に見えているのは、青と黄のほぼ2色とその中間の色だけだと言われています。これは昔の白黒フィルムのカメラみたいなものです。逆に、人間よりも目がいいとされる鳥は、赤・緑・青の三原色に紫外線をプラスした、4色型色覚を持っているといわれています。鳥は、僕たち人間の思いもよらないようなカラフルな世界を見ている。またヘビには、目以外に「ピット器官」というのがあって、ここが赤外線センサーとして働くので、生きている動物を識別できるそうです。さらには、もし人間より遥かに高い解像度の目を持つ宇宙人がいるとしたら、僕らが1色に見えているものも、何色ものまだらに見えるのかもしれない……。

「本当の天才」というのは、この宇宙人のように〝世界〟が見える人なんだと思うのです。――こんなふうに言うと、あまりに天才との差が大きすぎて、つかみどころがなくなってしまうかもしれませんね。

けれど、天才も、「結果」を残しているからこそその天才なのです。**天才は努力をしないのかというと、そうではない**、という大前提を、一度認知しないとなりませんね。

僕の考える「天才」は、「自分にはこんな尖りがある」と世間に証明し続けていける人です。そして、それを言葉で説明するだけでなく、行動を積み上げていける人です。

そういう圧倒的な成果を出している人を見ると、「あの人は天才だから、自分とは違う」と諦めてしまうかもしれませんが、そもそも**自分を「天才」と比べてやる気を**

なくすなんて、大いなる人生の無駄。世の中には、何万人に一人の、何もしなくても認知能力がやたらと高い人というのがいる。それを「才能」だと思ってしまったりしますが、それは、僕がこの本で説明している「才能」ではありません。

そういう「天才」はむしろ異常値なので、自分のことを考えるときに、比較対象に入れてはいけません。

天才を意識する必要も、そこを目指す必要も、そんな人たちと張り合う必要もありません。

彼らと自分は違うものだ、と思った方が、あなたの才能を伸ばせます。

そうして見ると、**〝社会的に成功している人〟たちは、何だかんだ言って普通の人**なのです。**もともと普通の人。そこから努力して、才能を伸ばしていった人たちです。**

日々努力をして能力を高め、あなたならではの才能を、ぜひ身につけてください。

本書の冒頭でも触れましたが、『広辞苑』には「才能」について「才知と能力。ある個人の一定の素質、または訓練によって得られた能力。」とあります。僕がこの解釈を支持する理由をわかっていただけたでしょうか。

どんな成功者も、
最初は赤ちゃんだった。

エジソンは「失敗の天才」

その結果が「成功」だったのか「失敗」だったのかを決めるのは、自分自身です。IQもそうですが、〝一般的な指標〟はあくまでもひとつの〝目安〟でしかなく、あなたの人生を決める「判断材料」にはなりません。他人の目から見て「失敗だ」と思うようなこと（たとえば、希望校に受からなかったこと）が、あなたの人生において本当に失敗なのかどうかは、あなたにしかわかりません。10年後、希望校に受からなかったあなたは、自分が誇れるものを見つけて、誰にも負けない成果を出しているかもしれず、希望校に受かったことで満足してしまった人は、つまらない人生を送っているかもしれません。

「失敗」の数が多い人ほど、伸びる可能性を持っている。昔から語り継がれていることですが、発明の父、トーマス・エジソンの言葉に、

「私は失敗などしていない。うまく行かない方法を1万通り見つけただけだ」

というものがあります。歴史に残る圧倒的な成果を出したエジソンは「天才」と言われていますが、これだけの失敗をしたからこそ生まれた天才なのです。

さらにこんな言葉も残しています。

「私たちの最大の弱点は諦めることにある。成功するのに最も確実な方法は、常にもう一回だけ試してみることだ」

ひとつの失敗を、「失敗」として諦めてしまったら、そこで終わってしまう。多くの場合において、「一度の失敗」を「天から下された決定事項」みたいに考えて、諦めてしまう人のいかに多いことか。

「失敗」を「失敗」と思わない能力……。「才能」とは何かについて、いろいろ考えてきましたが、**どんなときも、どんなものからでも「成功の種」を見つけることのできる人を、「才能のある人」と言っていい**のかなと思います。

さやかちゃんには、才能がありました。慶應に受かることを信じて努力できたことが、彼女の一番の才能です。そしてそれは、**彼女とお母さんとの関係性の蓄積で〝尖って〟いったもの**です。

つい人は、自分の「今」と「周囲」に視線が集まりがちです。しかし、人生には〝その先〟があり、世界はあなたが知っているよりずっと広い。成功を信じた人のところに、成功はやってきます。

もうひとつエジソンの言葉を。

「もちろん、生まれつきの能力の問題もまったく無視はできない。それでもやはり、これはおまけみたいなものだ。絶え間なく、粘り強く努力する。これこそ何よりも重要な資質であり、成功の要といえる」

「生まれつきの能力」は、おまけだ、と言い切っています。

「才能」について、深く考えさせられる言葉です。

「生まれつきの能力」はおまけ。
「失敗」を「失敗」と思わない能力、
それこそが「才能」だ。

僕たちが生きる世界は「未来」にある

才能は努力によって生まれるとずっと書いてきましたが、正直なことを言うと、スポーツや音楽は、やはり**生まれ持ったものに左右されてしまうことがある**と思います。身長や体型、骨格、手足の長さや筋肉のつき方によって、どうしても向き不向きはあります。人類の万人が対等と言えるかというと、そうではありませんよね。身長が185センチの人と155センチの人でバスケットボールをやったら、圧倒的に背が高い方が有利だというのは、わかりますよね。

ピアニストだったら、手の大きい方が、多くの曲を弾きやすいでしょうし、陸上競技の高跳びであれば、背が高くてしなやかな体でないと高記録は難しいでしょう。そこには「有利の土台」というものが当然あります。

僕は、こうした天賦の才を「才能」と言ってしまうのは違うのではないか、と思っています。

スポーツや音楽などには明確なルールがあって、そこにはどうしたって有利、不利が出てくるものです。その条件に当てはまっているかどうかで、パフォーマンスに影響するのですから。

言語にも、ルール、法則があります。日本語では達者にプレゼンができるけれど、英語では全然ダメというのも、結局ルールの違いです。

ルールが明確にあるものは、それに則していないと、成功するのが難しいのです。

しかし、**ビジネスや学問には、基本的にルールはありません。何をどうしたってい****い**のです。

「自分が一番能力を発揮できるもの」を探すことは、当たり前ですが、他の人にはできません。**これには没頭できる、これなら絶対に他人に負けない**、というものを大事にしてください。そういうことに取り組む能力を磨いて磨いて磨き抜いて、才能として発揮させてください。

ただ、残念ながら「人間に不可能はない」とは僕は言えません。

で**もたいていの不可能というのは、「僕にはできない」「私には無理だ」という思い込みによるもの**であることは間違いありません。

人間というのは、過去からの文脈に大きく依存しているものです。「過去にできなかったから」「誰かに否定されたから」といって、諦めてしまっていることはありませんか？

僕たちが生きる世界は、「過去」にはありません。「未来」にあるのです。

だから、まだ見えていない未来を勝手に決めつけて、可能性を潰すようなことは絶対にしないでほしい。

才能は、必ずあなたの中にあるのですから。

「才能」も「人生」も、気分が9割

「才能」は気分が9割。

少し乱暴な言い方かもしれませんが、僕はときどきこう言います。本書に書いてきた通り、才能とは、形に見えるものでも、数字で測れるものでもありません。ほとんどの人が、才能について「確かに存在しているもの」と信じていると思いますが、その実像はよく見えませんよね。

しかし、「才能」という言葉がある以上、才能は確実に存在しています。

僕は、**この言葉は、人類の可能性と広がりを信じる、人間の思いが込められた言葉だと思います。**

「才能はある」と信じること。「才能はすばらしいものだ」と信じること。そうすれば、世界の見え方が変わってきます。われわれの世界を、この先もっとすばらしいものにしてくれるのが、才能だからです。

才能は、あった方がいいに決まっています。

すべての人にその「芽」があるなら、その芽の育て方を誰もが知っている方がいいに決まっています。

だから、僕は徹底的に「才能」について書いてきました。

才能を生かすも殺すも、気分次第、あなた次第です。

「才能」を「人生」と置き換えてもいいと思います。

人生も気分が9割。

あなたの未来を明るくするのも、暗くするのも、あなたの気分次第なんだと思うのです。

ビジネスや学問には、
基本的にルールはない。
何をどうしたっていい。
だから、
あなた次第で、必ず成功できる。

おわりに

「才能」「天才」「地アタマ」「運」、僕はこれを**「4大思考停止ワード」**と呼んでいます。というのも、多くの人はこれらを結構たやすく使うんですよね。「イチローは天才だ。努力の」とか、「アインシュタインは才能があったけれど、運も良かった」とか。

僕はいつも思うんです。「その4つが本当にわかるのは神様だけでは？」と。

なぜかと言うと、僕らはどんな事象であれ人物であれ、その断片しか知らないからです。にもかかわらず、「才能」「天才」「地アタマ」「運」などといった言葉を使って物事を説明するというのは、自分が〝全知全能の神様〟だと思っているか、思考停止して安易に答えを求めているか、のどちらかにすぎないでしょう。

「才能とは何か」「天才とは何か」「地アタマとは何か」「運とは何か」——これらの「目に見えない何か」を、「自分の目に映っている結果」と結びつけると、いろいろとわかりやすいから、使われているのです。
本書は、そんな言葉に囚われた〝思考停止状態の人々〟に対する警鐘です。そして、自分の人生の途中経過が不満だからといって、「運」や「才能」をネガティブに捉えている人が多くいますが、本書を読むことによって、能力は「磨いていくものだ」「より良くなるものだ」と捉えられるようになり、だったらどうしたら良いのかを、前向きに思考し続けられるようになるための福音の書となれば幸いです。

そもそも、私たちは、どんなに「当たり前のこと」でも、最初からできているわけではなく、トレーニングによってできるようになっています。日本語だってそう。お箸の使い方だってそう。トイレで用を足すということだってそう。この本を読んでいるどんな偉い人だって、著者の僕だって、一流の編集者だって、みんな「何度もおもらし」をしてきているというのが厳正なる事実。決してこれはたとえではなく、本当のおもらしの結果、私たちはトイレに行けるようになっているわけです。決して〝トイレに行く才能〟がもともとあったわけではありません。

そもそもこの本自体、幻冬舎の担当編集の袖山満一子さんが自ら磨き上げた才能の賜物です。1ヶ月半毎日原稿に向き合い、天才・キングコング西野さんの個展などのために海外に一緒に帯同しているときですら、毎日編集作業をしてくださったそうです。彼女がいなければ、この本は日の目を見ることができなかったのは自明です。

長い余談になりますが、袖山さんが編集した原稿を僕に送ってくれた時、タイプで打った送付文に可愛らしいシールを何枚か貼ってくれていました。僕はそれを見て、とても感心したのです。何か書類を送るときに、送付文をつけるのはビジネスマナーとして常識ですが、そこで「手書きにするか」「タイプした文字にするか」問題があります。手書きだと温かみが出ますが、その分手間暇がかかりすぎますし、間違えた場合にも書き直しが必要になり、時間的・労力的なコストがかかりすぎます。一方で、タイピングすると時間もかからないですし間違えたときにも修正しやすいのですが、その分どうしても機械的な印象を与えてしまいます。もちろん、僕はわざわざ手書きを求めていませんが、そういうのを求める人もいるでしょう。そこでタイプをしたうえで、何枚か可愛らしいシールやステッカーを貼ることで、相手に対する気遣いが出ます。それを彼女にフィードバックしたら、「そんな小さいところに、こんなふうに思っていただけるなんて、恐れ多いです」とおっしゃっていました。僕は袖山さんの言う「小さなこと」こそが実は重要なのだと考えます。なぜなら、「①多くの人はそれが素っ気ないと気付く感性がない ②気づいても、打開策を考えようとはしない（考えて良くなったところで効果は限定的に思えるから）③考えても効果的でローコスト（お金だけじゃなく時間も）な打開策が浮かばない」からです。こう考えていくと、タイププして一瞬でプリントして、シールをちょっと笑顔で貼るという行為が一番効率良いんですよね。そこの最適解にたどり着かれたことに震えました。きっと編集者の仕事の真髄って、こういう普段のちょっとした、違和感に対する気づきと、その最適解をローコストで叶えることなんだろうなと思いましたし、そのようなことを実践され、小さなことを磨き続けてくださったからこそ、このような自分でも誇りに思えるような本が完成できました。本当にありがとうございました。

また、幻冬舎の見城社長にもお礼を言わせてください。見城さんとは、実は通っているフィットネスジムが同じです。何度もお見かけしていたのですが、もちろんお互いプライベートですし面識もなく、尋常ではないオーラを放っていらっしゃる出版界の生けるレジェンドに声をかける勇気もなかったのですが、思い切って「『ビリギャル』の著者の坪田といいます」と一度声をかけたのです。すると、一瞬驚きながらもすぐに柔和な笑顔となり、「ああ、そうなんですね。あれはとても良い作品ですね。素晴らしいです。あ、そうだ。うちでもぜひ何か書いてくださいよ」とおっしゃってくださいました。それが大きなきっかけとなり、こうしてこの本を出版できることになりました。ありがとうございました。

そして、読者の皆様、もしかしたらこの本を読んでいると、胸がキリキリ痛むことが多々あったかもしれません。しかしそんな中でも最後までお読みいただきまして本当にありがとうございました。僕もあなたとともに、これからも自分の「才能」と呼べるもの、その正体を見つけるために、毎日トレーニングをし続けようと思います。

そして、多くの人が「自分にはこんな才能があった」と喜び、いきいきと子どもたちや若い人たちに伝え、明るく楽しく過ごせる世の中を、一緒につくっていきましょう。

２０１８年夏　坪田信貴

文庫版あとがきにかえて。「才能」について2020

より才能が必要なのは、
勉強よりスポーツだと思っていませんか？

僕は、勉強もスポーツも社会人に必要な能力も、すべて「才能」という視点から見れば同じだと考えています。どれも、赤ちゃんのときからできるものではないし、やろうと思えばその能力を伸ばせるし、どう伸ばすかの考え方も共通しています。

ところがなぜか、スポーツについては「生まれつきの才能ありき」と思う人が多いみたいですね。306ページでも書いているように、物理的な骨格などが左右するということは確かにあります。でも、もしあなたが、何かしらのスポーツができなくて悩んでいるとしたら、それは「才能がないから」ではありません。

延期になってしまいましたが、東京にオリンピックもやってくることですし、今回の文庫化に合わせて、あらためてスポーツの観点から、才能について、補足します。より「才能」についての輪郭がくっきりすると思います。

ラグビーで日本が強くなるなんて、25年前には誰も思っていなかった!?

僕は、高校のときにニュージーランドに留学していたのですが、ニュージーランドでは、国技のラグビーに、年齢・性別問わず皆が親しんでいました。日本だと休み時間にドッジボールをしたりしますが、そんなときもラグビーをします。

僕も、最初の休み時間のときにラグビーに参加させてもらいました。ボールを持ったとき、すごく華奢な女の子が僕にタックルしようと向かってくるのです。咄嗟に、「これは彼女に怪我をさせないようにしないと……」と思ったのですが、なんとその0・5秒後、僕はタックルをされて1メートルくらい吹っ飛んでいました! 思い切り頭も打ち、肉体的にはもちろん、精神的にもかなりダメージを受けました。明らかに彼女は華奢だし、僕より体重も少ないし、筋力だって小さいはずです。僕は格闘技もやっていたので、まさか自分より体格の小さい女の子に1メートルも吹っ飛ばされるなんて、思ってもいませんでした。

ニュージーランドでは、女の子も完璧なタックルができるのです。それはなぜか？何度も何度も練習し訓練したからでしょう。おそらく、親兄弟や先生や先輩など、教えてくれる人も周りにたくさんいたのでしょう。これは、**スポーツに「天性の能力」の有無は関係ない**ことを、証明した出来事でした。

日本はかつてラグビーが弱い国でした。1995年の南アフリカでのワールドカップのとき、日本が大差でニュージーランド〝オールブラックス〟に負けたのを覚えています。ところが、2015年のワールドカップでは、南アフリカに勝ち（南アフリカ代表も、ご存じの通り、かなりの強豪です）、さらに2019年のワールドカップでは、記憶している人も多いと思いますが、快進撃を見せました。

ラグビーの代表チームには、階級があり、歴史的にも強いチームの「ティア1」、その次点の「ティア2」、新興国の「ティア3」に分けられます。日本は「ティア2」なのですが、2019年のワールドカップでは、ティア1のチームを2か国倒して、しかも当時の世界ランキング2位だったアイルランドに勝ったのです。日本人の体格が、彼らより華奢だし小さいせいもあって、あの勝利は大変ドラマチックでした。

日本中が熱狂しましたね。

このときも僕は、**「天性」「環境」みたいなものに左右されず、能力を磨いて才能を尖らせれば、こうして「奇跡」と言われるような勝利を手にすることができる**と、確信したのでした。

ここで大事なのは、ひとつ前の2015年のワールドカップで強豪・南アフリカに勝ったということです。この勝利の事実があるから「今回も」勝てるかもしれないという気持ちになれたのだと思います。そもそも、ヘッドコーチのエディー・ジョーンズは、〝常勝の監督〟ですから、負けるなんて思ってなかったでしょうし、メンバーをそうやって鼓舞してきたのでしょう。

ビリギャルのさやかちゃんが慶應に合格したとき、周りの子たちも「私もできるかもしれない」と思ったそうです。僕が「情熱大陸」に出たら、教え子たちも「自分も出られるかもしれない」と思ったそうです。東大を出たお父さんの方が、そうでない親御さんより、子どもの東大合格に疑問を持たずに応援できるということも、151ページで書きました。

身近に感じられるところでの成功例が、勇気を与えたり、「できる」という自信につながっていくのです。

優勝インタビューにヒントあり？

ところで、新型コロナウイルスの影響で延期になってしまいましたが、東京にオリンピックがやってきます。開催期間の前後は、ありとあらゆるスポーツが毎日報道されるでしょう。

始まったら、**ぜひ意識して見てほしいと思うのが、コーチや選手へのインタビューです。**金メダリストで、インタビューをされたときに「勝てるとは全然思っていませんでした」なんて言う人はたぶんいないはずです。金メダルを獲るような選手は、絶対いけると思って頑張ってきた人ですし、コーチもそう思わせるように応援し、導いているはずです。**磨いてきた才能を、どれだけ自分たち自身が信じられるか。その強い気持ちが、勝利を左右する。**

インタビューの中で、幼少期はどうでしたか？　みたいな話になることがたびたびありますよね。小さいときに、先生から「キミはオリンピック選手になれる」と言われた、なんてエピソードもわりとよく聞きます。

スポーツに限らず、作文を褒められて「キミは小説家になれる」と言われたとか、難解な問題を解いたら「キミならハーバード大学にも行けるよ」と言われたとか、信頼している人から言われたちょっとした言葉がきっかけで、自己肯定感を高め、その後に大きな成功を手にしている、というのは、実はよくあることです。

世界でトップを獲るような人のインタビューというのは、大量の情報を内包しています。言葉のひとつひとつが、**僕には「成功例の詰まったデータ」に見えるんです。**

ですから、親御さんとか、先生とか、部下を持つ方は、そういうことも考えながら、選手たちへのインタビューを聞くと、必ず参考になることが拾えるはずです。

オリンピックで金メダルを獲るようなすごい人も、生まれたときは同じように赤ちゃんです。生まれた瞬間に「間違いなくこの子は天才だ！」なんてことはありませんよね？　スタート地点は誰だって一緒なんですから、〝雲の上の他人の話〟として聞いたら、損ですよ！

そもそも、彼らは天才ではありません。天才であれば、負けることもないでしょうし、伸び悩むこともなく、ずっと楽々トップを維持できるでしょう。でもそんな人、いませんよね。当たり前のように苦しんだり、悩んだりして、それを乗り越えて勝利を手にしているのです。

先日、ボクシングの井上尚弥選手の練習を見せていただく機会があったのですが、尋常じゃない練習をしていました。とても地味な練習だったので、正直驚きました。首の筋肉の強化のために重りを付けたタオルを口で持ち上げるのを延々と繰り返しているのです。殴(こら)られても堪える力をつけるために、首を鍛えないといけないんだそうです。

人から見たら、「なんでそんなこと？」ということを突き詰めてやっていくことが、才能の〝尖り〟を生むんだというのを、目の当たりにしました。そういうことを突き詰められなかったら、どんな天才でも結果は出せないんですよ。

「視覚的なビジュアル教育法」が、成果を出す近道

ちなみに、昔より今の方が、成果をどんどん出しやすくなっています。

なぜなら、科学技術が発達したからです。本書でも、動画を撮って、それを完コピするとか、自分のことを撮って良くないところを直すといいというのをお勧めしましたね。今はスマホで簡単に動画が撮れますし、それを見返すだけで、何がどれくらい良かったのか／良くなかったのかが、速攻でわかります。**フィードバックが超高速で**

できるようになったために、昔より行動を最適化しやすくなった。選手（教え子）も、コーチ（先生）も、双方が客観的なフィードバックができるようになったことは、革命的です。

教育って、「主観的な経験論」より「視覚的なビジュアル教育法」の方が、成果が出やすいと僕は思います。

たとえば、「怖がらずにジャンプしてるから、気持ちを楽にしてやってみて」と言うより、動画を見せて「このとき体が少し傾いてるから意識して直そう」と言う方が、明らかに、成功への道は近い。もっと身近な例を出せば、指導している様子を動画に撮って、「褒める言葉を何回言っているか」を計測してみる。5分間で3回だったら、これを5回にしてみるとか。数値にできるものを計測して、それを変えるだけで、成果って変わるものなんです。もちろん、心も大事ですけどね。

あと大切なのが、メタ認知。228ページにもあるように、メタ認知できるかどうかが、スポーツの力を大きく左右します。スマホでできちゃうんですから、やった方がいいに決まってます。

「1手」を大事に続ければ、その後がまったく違うものになる

そうやって練習や訓練を続けることが大事なわけですが、続けること自体が実は難しかったりします。

ありていに言うと、「好きなら」続けられます。

好きになるにはどうしたらいいかというと、「できる」という感覚とそれに付随する様々な感情を持つことです。

「できる」という感覚、それが気持ちいいと思える感情、それが体に入ってくると、今度はその行動を起こすことが苦でなくなり、「習慣化」できるようになります。

発生する感情を使って、行動に結びつければ、極端な話、目標を持たなくても、ノルマなんか課さなくても、できるようになっちゃうものです。

それには**コーチ（先生、親）や周りの人が、一緒になって、「いい感情を持てる環境を作り上げていくことが大事**なんだと思います。

「地アタマなんてない」と、本書で僕は書いていますが、もしあるとしたら、幼少期の経験や訓練の蓄積のことなんじゃないでしょうか。

将棋の話をするとわかりやすいかもしれません。将棋って、相手も自分も、9マス×9マスの81マスだけを使って、同じ駒を、並べ方も同じところから始めます。交代しながらやっていく、とても平等なゲームです。でも、10手も進めば、優勢か劣勢かが結構分かれてきます。プロと素人がやれば、歴然と差が出るでしょう。まったく同じ条件でやっているにもかかわらず、**1手の積み重ねがこんな差になるんだというのが**、よくわかるものです。

「明日は、これができるようになりたいから、今はこれを準備して、明日になったらこんなことをしよう」と毎日考えて過ごしてきた人と、そうじゃない人って、大きな差がつきますよね。「1手」が大事だということなんだと思います。

世界で活躍するようなアスリートは、もともと天才だったわけでなく、凡人がやらないこういう「1手」を丁寧に重ねた人だと思うのです。

オリンピックが無事に開催されたら、勝者へのインタビューを見て、ここに書かれたことを思い出してもらえると嬉しいです。

２０２０年初夏　　坪田信貴

坪田信貴　つぼた・のぶたか

坪田塾塾長。心理学を駆使した学習法により、これまでに１３００人以上の子どもたちを「子別指導」、多くの生徒の偏差値を急激に上げてきた。一方で、起業家としての顔も持つ。人材育成、チームビルディングの能力を多くの企業から求められ、マネージャー研修、新人研修を行うほか、現在は吉本興業の社外取締役も務めるなど、活躍の場は枠にとらわれない。テレビ、ラジオ、講演会でも活躍中。

映画化もされて大ベストセラーとなった『学年ビリのギャルが1年で偏差値を40上げて慶應大学に現役合格した話』のほか、『人間は9タイプ 仕事と対人関係がはかどる人間説明書』『バクノビ 子どもの底力を圧倒的に引き出す３３９の言葉』『どんな人でも頭が良くなる 世界に一つだけの勉強法』など著書多数。

参考資料

『人生の99%は思い込み』鈴木敏昭著／ダイヤモンド社
『トーマス・エジソン　神の仕事力　一生涯、心の糧となる105の名語録』桑原晃弥著／電波社
『快人エジソン　奇才は21世紀に甦る』浜田和幸著／日経ビジネス人文庫
『エジソンの言葉　ヒラメキのつくりかた』浜田和幸著／大和書房

この作品は二〇一八年十月小社より刊行されたものです。

幻冬舎文庫

●好評既刊
首都圏パンデミック
大原省吾

毒性の強い新型ウイルスが蔓延した飛行機が東京へ。感染者を助ける機内の医師、治療薬を探す研究者、首都圏封鎖も探る政治家――。未曽有の脅威と闘う人間を描くタイムリミット・サスペンス。

●好評既刊
M 愛すべき人がいて
小松成美

博多から上京したあゆを変えたのは、あるプロデューサーとの出会いだった。やがて愛し合う二人は、〝浜崎あゆみ〟を瞬く間にスターダムに伸し上げる。しかし、それは別れの始まりでもあった。

●好評既刊
糸
林 民夫

高橋漣は、一目惚れした園田葵が虐待されていることを知るが、まだ中学生の彼には何もできなかった。互いを思いながらも離れ離れになってしまった二人が、再び巡り逢うまでを描いた愛の物語。

●好評既刊
ディア・ペイシェント
絆のカルテ
南 杏子

病院を「サービス業」と捉える佐々井記念病院で内科医を務める千晶は、日々、押し寄せる患者の診察に追われていた。そんな千晶の前に、執拗に嫌がらせを繰り返す患者・座間が現れ……。

●好評既刊
プリズン・ドクター
岩井圭也

刑務所の医師となった史郎。患者にナメられ散々な日々を送っていたある日、受刑者が変死する。胸を掻きむしった痕、覚せい剤の使用歴。これは自殺か、病死か？　手に汗握る医療ミステリ。

幻冬舎文庫

●好評既刊

緋色のメス　完結篇

大鐘稔彦

外科医の佐倉が見初めたのは看護師の朝子だった。患者に向き合いながら、彼女への思いを募らせるが、自身の身体も病に蝕まれてしまう。ミリオンセラー「孤高のメス」の著者が描く永遠の愛。

●好評既刊

咲ク・ララ・ファミリア

越智月子

62歳になる父から突然聞かされた再婚話を機に、バラバラだった四姉妹が集うことに。互いに秘密を抱える中、再婚相手が現れて……。家族ってやっかい。でも、だから家族は愛おしい。

●好評既刊

じっと手を見る

窪　美澄

富士山を望む町で介護士として働く日奈と海斗。東京に住むデザイナーに惹かれる日奈と、日奈への思いを残したまま後輩と関係を深める海斗。人生のすべてが愛しくなる傑作小説。

●好評既刊

読書という荒野

見城　徹

正確な言葉がなければ、深い思考はできない。深い思考がなければ、人生は動かない。人は、自分の言葉を獲得することで、初めて自分の人生を生きられる。出版界の革命児が放つ、究極の読書論。

●好評既刊

幸福の一部である不幸を抱いて

小手鞠るい

好きになった人に〝たまたま奥さんがいた〟だけの杏子とみずき。二人はとても幸せだった。一通のメール、一夜の情事が彼女たちを狂わせるまでは。恋愛小説家が描く不倫の幸福、そして不幸。

幻冬舎文庫

●好評既刊

生きていくあなたへ
105歳 どうしても遺したかった言葉

日野原重明

たくさんの死をみとってきて感じるのは、死とは終わりではなく「新しい始まり」だということです。105歳の医師、日野原重明氏が自身の死の直前まで語った渾身最期のメッセージ。

●好評既刊

ご用命とあらば、ゆりかごからお墓まで
万両百貨店外商部奇譚

真梨幸子

万両百貨店外商部。お客様のご用命とあらば何でもします……たとえそれが殺人でも？　地下食料品売り場から屋上ペット売り場まで。ここは、私利私欲の百貨店。欲あるところに極上イヤミスあり。

●好評既刊

いま君に伝えたいお金の話

村上世彰

お金は汚いものじゃなく、人を幸せにする道具。好きなことをして生きる。困っている人を助けて社会を良くする。そのためにお金をどう稼いで使って増やしたらいい？　プロ中のプロが教えます。

●好評既刊

すべての男は消耗品である。最終巻

村上　龍

34年間にわたって送られたエッセイの最終巻。現代日本への同調は一切ない。この「最終巻」は、澄んだ湖のように静謐である。だが、内部にはどう猛な生きものが生息している。

●好評既刊

遺書　東京五輪への覚悟

森　喜朗

「東京五輪を成功に導けるなら、いくらでもこの身が犠牲になっていい」。再発したガンと闘いながら奮闘する元総理が目の当たりにした驚愕の真実。初めて明かされる政治家、森喜朗の明鏡止水。

才能の正体

坪田信貴

令和2年6月15日　初版発行

発行人――石原正康
編集人――高部真人
発行所――株式会社幻冬舎
〒151-0051東京都渋谷区千駄ヶ谷4-9-7
電話　03(5411)6222(営業)
　　　03(5411)6211(編集)
　　振替00120-8-767643
印刷・製本―中央精版印刷株式会社
装丁者――高橋雅之

幻冬舎文庫

ISBN978-4-344-42991-8　C0195　　つ-14-1

幻冬舎ホームページアドレス　https://www.gentosha.co.jp/
この本に関するご意見・ご感想をメールでお寄せいただく場合は、
comment@gentosha.co.jpまで。